Reiner Engelmann

SIE BRACHTEN UNS HOFFNUNG

Die Geschichte von

Edek Galinski und Mala Zimetbaum

REINER ENGELMANN

SIE BRACHTEN UNS HOFFNUNG

Die Geschichte von
Edward Galinski und
Mala Zimetbaum

Unterrichtsmaterialien zu diesem Buch sind erhältlich unter:
www.schullektuere.de

Penguin Random House Verlagsgruppe
FSC® N001967

1. Auflage 2024
Erstmals als cbt Taschenbuch September 2024

In der Penguin Random House Verlagsgruppe GmbH,
Neumarkter Straße 28, 81673 München

Lektorat: Uwe-Michael Gutzschhahn
Umschlaggestaltung: Geviert GbR, Grafik & Typografie
Umschlagmotive: akg-images (Justin Creedy Smith);
Shutterstock.com (Paladin12);
The State Museum Auschwitz-Birkenau in Oświęcim
skn · Herstellung: AJ
Satz und Druck: GGP Media GmbH, Pößneck
ISBN 978-3-570-31602-3
Printed in Germany

www.cbj-verlag.de

Für meine Enkelkinder

Paul, Lior und Leonid,
Henri und Ella,
Milla und Edda

INHALT

VORWORT

> »Die Liebe von Edek Galinski und Mala Zimetbaum wurde in Auschwitz zur Lagerlegende. Ein Symbol für den Sieg des Guten über das Böse – des Menschlichen über das Tierische. Sie brachten uns Hoffnung.«
>
> *René Ralndorf, ehemaliger Lagerhäftling in Auschwitz*

Bei einem meiner ersten Besuche in Auschwitz erfuhr ich von Edek und Mala. Ihre Geschichte hat mich nicht mehr losgelassen. Wer waren diese beiden Menschen? Wie sah ihr Leben draußen aus und wie ihr Leben im Lager? Warum waren sie in Auschwitz gelandet? Wie haben sie dort gelebt? Wie und wo sind sie sich begegnet? War eine Liebe in Auschwitz überhaupt möglich? Kann es Liebe im Anblick des Todes eigentlich geben? Und waren Edek und Mala die Einzigen, die in Auschwitz eine Liebesbeziehung hatten?

Edek und Mala waren eine Ausnahme. Als sie sich fanden, veränderte sich vieles für sie. Natürlich war ihre Umgebung noch dieselbe wie vorher. Die täglichen Transporte, die ankamen, die Selektionen, die ständig qualmenden Kamine der Krematorien, die Gewalt und der Tod änderten sich nicht.

Aber sie hatten etwas in sich entdeckt, von dem sie glaubten, es sei verschüttet oder gar nicht mehr existent: Gefühle! Intensive Gefühle für einen anderen Menschen, die viel mehr bedeuteten als reine Freundschaft.

Edek und Mala verliebten sich und lebten ihre Gefühle aus – heimlich.

Diese Liebe gab ihnen Kraft für den Alltag im Lager. Und diese Kraft brauchten sie, um Mithäftlingen, denen es schlechter ging, die vom Tode bedroht waren, zur Seite zu stehen, ihnen zu helfen.

Durch ihre Liebe zueinander gelang es Edek und Mala, sich innerlich mehr und mehr von den Deutschen zu lösen. Sie mussten zwar weiterhin für die SS arbeiten, doch brachen sie deren strenge Regeln, indem sie sich heimlich trafen. Daraus schöpften sie Stärke und Mut – und versuchten, gemeinsam zu fliehen.

Liebe in Auschwitz – sie war möglich. Edek und Mala haben es gezeigt. Und sie haben vorgelebt, was es heißt, auch unter diesen Bedingungen Mensch zu bleiben.

Die Liebe zwischen Edek und Mala in Auschwitz ist eine wahre Geschichte. Ich habe viele Aussagen von Zeitzeuginnen und Zeitzeugen gelesen, die die beiden kannten und sie mit ihren Worten beschrieben haben.

Anhand dieser Aussagen habe ich mir ein Bild von den beiden jungen Menschen gemacht, wie sie waren und wie sie gewesen sein könnten. Es ist der Versuch einer Annäherung an ihr Leben und ihre Liebe in Auschwitz.

Ich war entsetzt, als ich die Kurzbiografien der SS-Männer und -Frauen für dieses Buch schrieb, die in

Auschwitz ihren Dienst taten. Was waren das für Menschen? Sie befahlen Gewalt und übten Gewalt gegen Häftlinge aus. Gewalt in Auschwitz bedeutete mehr als psychische Unterdrückung – es bedeutete Isolation, körperliche Züchtigung, brutalste Erniedrigung, Massenmord. Hatten sie kein Mitgefühl den Hunderttausenden Männern, Frauen und Kindern gegenüber, die sie zur Vernichtung ins Gas schickten? Oder denen gegenüber, die noch arbeiten mussten, bis auch sie dem Tod geweiht waren? Waren sie so von der Vorstellung überzeugt, Juden seien keine Menschen oder allenfalls Menschen zweiter Klasse, die ausgerottet werden sollten? Hatten sie kein Gewissen, oder hatten sie es abgelegt, als sie ihre Uniformen anzogen und bloß Befehlen gehorchten, sie blindlings ausführten und dabei immer weiter verrohten?

Die Vorgänge in Auschwitz und den anderen Vernichtungslagern sind in der Geschichte singulär. Daran gibt es keinen Zweifel. Die systematische Ausrottung einer ganzen Bevölkerungsgruppe ist ohne Beispiel. Dem vorausgegangen war die Ausgrenzung der Menschen, die man in Auschwitz oder in anderen Vernichtungslagern ins Gas schickte.

Mit dem Blick auf die Gegenwart muss ich leider feststellen, dass es wieder große Gruppen von Menschen gibt, die ausgegrenzt werden. Ich denke an Migrantinnen und Migranten, aber auch an Arbeitslose, an Kranke, an Obdachlose, an Menschen, die sich abgehängt fühlen.

Menschen aus anderen Ländern, die fliehen mussten, weil in ihren Heimatländern Krieg, Hunger oder Unterdrückung herrschen, wird es zunehmend schwerer gemacht, nicht nur in Deutschland Fuß zu fassen, sondern überhaupt hier anzukommen. Populistische Bewegungen und Parteien schüren die Stimmung, indem sie fordern, diese Menschen abzuschieben und keine weiteren mehr aufzunehmen.

»Lasst sie ersaufen!«, skandierte eine rechte Gruppierung, die auf einem Marktplatz mitten in Deutschland einen Infostand betrieb. Niemand gebot ihnen Einhalt!

Wo bleibt unsere Zivilcourage? Was hätten wir zu befürchten, würden wir in solchen Situationen eingreifen? Wir leben in einem Rechtsstaat – noch!

Als ich mich intensiv mit den beiden Protagonisten des Buches beschäftigte und dabei auch stets unsere Gegenwart im Blick hatte, wuchs in mir ein Wunsch!

Gäbe es doch mehr Edeks auf dieser Welt, die überall Menschen aufmunternd zunicken und anlächeln würden, Menschen, denen es nicht gut geht, die sich, aus welchen Gründen auch immer, ausgegrenzt fühlen.

Gäbe es doch mehr Malas, die tatkräftig anderen zur Seite stünden, sie unterstützten und ihnen die Hilfe zukommen ließen, die sie brauchten. Mala war kein Mensch, der geredet hat, mit offenen Augen ist sie durchs Lager gegangen und hat die Not erkannt und gehandelt.

Unter welch schweren, ja lebensgefährlichen Bedingungen haben diese beiden Menschen sich engagiert, und wie einfach könnte es für uns sein, ihnen nachzueifern.

Deswegen habe ich dieses Buch geschrieben.

Schneppenbach, Juli 2023
Reiner Engelmann

PROLOG

Es war ein kalter Winternachmittag. Seit Wochen schon hatte der Frost das Lager fest im Griff. Die sonst mit Schlamm bedeckten Wege waren steinhart gefroren, die Dächer der Baracken dick mit Schnee bedeckt. Auch die Kronen der Bäume, die um den See herum und jenseits der Krematorien standen, trugen weiße Schneemützen.

Mala mochte den Winter. Sie mochte die endlos weiten Schneelandschaften und die weißen Berggipfel der Karpaten. Der Schnee erinnerte sie an ihre Kindheit in Polen. Sie hatte sich immer gefreut, wenn alles weiß war. Dann machte sich in ihr das Gefühl breit, die Welt sei ruhiger, friedlicher und die Menschen wären hilfsbereiter und freundlicher zueinander.

Auch hier könnte es so sein, wünschte sie sich einen Moment lang, wenn nicht ...

Nein, hier würde es nie so sein. Niemals! Mala ging auf der Lagerstraße des KZs Auschwitz-Birkenau in Richtung Tor. Hinter ihr waren die Gaskammern und Krematorien. Dicke Rauchschwaden stiegen aus den Kaminen, die die Schneeflächen mit schwarzen Rußflocken überzogen.

Überall waren Arbeitskommandos* damit beschäftigt, den Schnee von den Wegen zu räumen. Kapos trieben mit ihren Stöcken die Häftlinge an, schneller zu arbeiten. Mala sah die geschwächten Männer und Frauen in ihrer dünnen Häftlingskleidung, die genau wussten, dass auch sie im Rauch der Kamine das Lager verlassen würden, sobald sie vor Hunger und Kälte ihrer Arbeit nicht weiter nachkommen konnten.

Für Mala waren die Häftlinge nichts Neues, doch sie wollte und konnte sich nicht an den Anblick der ausgemergelten, kahl rasierten Menschen gewöhnen.

Sie selber hatte mit ihrem Arbeitseinsatz Glück. Sie war Läuferin und gehörte so zu den wenigen, die eine bessere Stellung im Lager besaßen. Ihre Verpflegung war besser. Jetzt, in dieser kalten Jahreszeit, durfte sie warme Kleidung tragen, die sie aus dem Kanada-Lager bekam. Und ihre Position ermöglichte es ihr, Mitgefangenen heimlich zu helfen.

In Gedanken versunken, bemerkte sie den Mann erst, als er nur noch wenige Schritte von ihr entfernt stand. Ganz verlegen schaute sie ihn an.

Mala hatte ihn schon öfter gesehen, kürzlich erst in der Frauenbaracke. Was ihr sofort auffiel, war sein jugendliches Aussehen gewesen. Das imponierte ihr. Und einmal, vor wenigen Tagen, ebenfalls in der Baracke, als sie nur wenige Schritte voneinander trennten, genau wie jetzt, waren es seine dunklen Augen gewesen. Es war nur ein kurzer Blick, doch der hatte ausgereicht, dass sie später immer wieder an ihn denken musste und sein Bild vor sich sah. Die Gedanken an ihn wärmten sie. In diesen Momenten stellte sie sich vor, sie könnten sich näherkommen, miteinander reden, kurz nur, kurz, doch wenigstens ein paar Worte wechseln. Sie malte sich aus, wie wohl seine Stimme klang.

An mehr Nähe wollte sie gar nicht denken, das schien ihr unmöglich. Nicht hier, nicht an diesem Ort. Hier gab es nur Hass und Gewalt, keine Zuneigung, keine Liebe. Liebe war verboten. Das wusste sie. Trotzdem erkundigte sie sich bei ihren Mithäftlingen nach seinem Namen.

»Warum willst du den wissen? Bist du verliebt?«, fragten sie.

»Verliebt? Hier? An diesem Ort?« Mala schüttelte den Kopf und wurde rot. Gut, dass es in dem schwachen Licht der Baracke nicht zu sehen war. Doch sie erfuhr seinen Namen: Edek.

Und jetzt stand er von Neuem vor ihr. Nicht in gestreiftem Häftlingsanzug wie alle anderen Häftlinge, sondern in seiner Arbeitskleidung als Installateur. Im Waschraum in der Baracke musste er eine Leitung reparieren.

Edek hatte sie schon aus einiger Entfernung gesehen und war auf sie zugegangen. Seit ihrer ersten Begegnung ging auch sie ihm nicht mehr aus dem Kopf.

Da standen sie nun, mitten im Winter, mitten auf der Lagerstraße, mitten zwischen Leben und Tod.

Mala hatte sich wieder gefasst.

Sie schauten sich an und die Welt um sie herum versank, wurde für die Ewigkeit weniger Augenblicke bedeutungslos. Es gab nur noch sie. Frau und Mann. Mala und Edek, Edek und Mala. Weder Kapos noch SS-Männer noch Wachposten noch Arbeitskommandos noch die Schornsteine, aus denen der Tod aufstieg.

Wärme umfing die beiden, als sie sich in die Augen sahen. Sie wechselten kein Wort miteinander, wussten aber, dass sie sich wiedersehen wollten und mussten.

Nur langsam nahmen sie die Realität wieder wahr. Mit einem angedeuteten Kopfnicken verabschiedeten sie sich.

Beide kehrten in ihre Welt aus Gewalt, Hunger und Tod zurück.

Doch etwas war anders geworden. Sie fühlten sich nicht mehr allein.

EDEK

Die Verhaftung

Edek hatte mal einen großen Lebenstraum gehabt.

Am 5. Oktober 1923 war er in dem kleinen südpolnischen Dorf Wieckowice als Edward Galinski zur Welt gekommen. So wie üblich in Polen wurde er bald von allen Edek genannt.

Noch bevor er eingeschult wurde, zogen seine Eltern mit ihm in die nächst größere Stadt, nach Jaroslaw. Hier besuchte er zunächst die Volksschule, später die Oberschule. Hier fühlte er sich zu Hause, hier hatte er seine Freunde und hier machte er sich Gedanken über seine Zukunft. Lange Zeit hatte er keine Idee, welche Ausbildung er nach der Schulzeit machen sollte. Ein Handwerk lernen? Oder doch lieber weiter zur Schule gehen, Abitur machen?

Sein Vater brachte ihn auf eine Idee, über die er lange nachsann.

»Du solltest eine Militärlaufbahn einschlagen und erst mal Matrose werden, danach kannst du weitersehen«, sagte er eines Abends, als sie in der Küche zusammensaßen. »Da hast du ausgesorgt, bist beim Staat beschäftigt, hast ein sicheres Einkommen und auch ganz gute Aufstiegschancen.«

Edeks Mutter war nicht begeistert. Sorgenvoll schaute sie zwischen ihrem Mann und ihrem Sohn hin und her. Viel lieber hätte sie ihn noch eine Weile auf der Schule gesehen oder vielleicht als Beamten in einer Behörde. Doch sie schwieg.

Edek war es bisher nicht in den Sinn gekommen, seine Zukunft beim Militär zu sehen. Natürlich würde er eine Zeit lang dort dienen müssen, sobald er im wehrpflichtigen Alter war, aber ein Leben lang, als Beruf?

Für Edek begann eine lange Zeit des Nachdenkens. Was käme in der Armee für ihn infrage? Zum Heer gehen? Undenkbar. Zur Luftwaffe? Auch das konnte er sich nicht vorstellen und ebenso wenig den Dienst bei der Kavallerie. Nur wenn er an die Marine dachte, schlug sein Herz etwas schneller.

Die Vorstellung nistete sich ein, wurde für ihn immer konkreter, und er begann sich seine Zukunft auf einem Schiff auszumalen.

Nicht nur auf den polnischen Flüssen wollte er schippern, er wollte weiter, zur Ostsee, zur Nordsee, nach England zu den polnischen Verbündeten und weiter auf die Ozeane hinaus. Dort wollte er zu Hause sein.

So sehr er seine Familie, seine Freunde und auch die Stadt mochte, in der er die meiste Zeit seines Lebens verbracht hatte, fühlte er sich doch beengt. Er wollte raus, etwas erleben, etwas von der Welt sehen, andere Länder kennenlernen, andere Menschen. Er malte sich aus, wie es sein würde, auf Reisen zu gehen, unterwegs zu sein, andere Landschaften zu sehen als die Karpaten, die ihm vertraut waren und die er, trotz allem, liebte. Er wollte fremde Sprachen lernen, sich verständigen können.

Als er seinen Freunden von den Träumen erzählte, hielten ihn manche für einen Spinner, andere nahmen ihn ernst und waren überzeugt, dass er es schaffen würde, die Welt zu umfahren.

Einige Mädchen in seinem Alter bedauerten, dass es ausgerechnet diesen gut aussehenden Edek in die Ferne zog. Er genoss es, wenn sie ihm schöne Augen machten, aber dafür würde er seine Pläne nicht aufgeben.

Doch Edeks Traum von einer Karriere als Seefahrer zerplatzte bald wie eine Seifenblase.

Nicht nur er, sondern auch seine Eltern und Freunde beobachteten die politische Entwicklung mit großer Sorge. Wie lange würde noch Frieden sein? Das fragten sich die Polen immer öfter, und je mehr Zeit verstrich, desto klarer zeichneten sich ihre Befürchtungen ab. Spätestens in den Sommermonaten 1939 rechneten sie fest damit, dass die Nazis ihr Land überfallen könnten.

Edek wurde ganz mulmig bei dem Gedanken, Hunderte Kilometer von zu Hause weg zu sein, wenn er seinem Traum treu blieb. Die Seefahrerschule, die er sich ausgesucht hatte, lag nicht um die Ecke gleich im Nachbarort.

In dieser Krisenzeit wollte er doch lieber näher bei den Eltern sein und auch seine Heimatstadt war ihm wichtig. Hier kannte er viele Menschen, hatte seinen Freundeskreis, und sicher würden sie sich gegenseitig unterstützen, sollte es tatsächlich zum Krieg kommen.

Aber nur zu Hause sitzen und abwarten, war nicht Edeks Sache. Er musste etwas tun. Weil er handwerklich geschickt war, entschied er sich für eine Mechanikerlehre und meldete sich an der Staatlichen Handwerkerschule in Kamionka-Strumilowa an. Vielleicht konnte er ja mit dieser Ausbildung später immer noch Seefahrer werden.

Am 1. September 1939 begann die Schule, aber schon bald musste er sie abbrechen. Der Krieg hatte tatsächlich begonnen und die deutsche Armee rückte unaufhaltsam immer weiter ins Land vor. Er entschied sich, zurück in seine Heimatstadt Jaroslaw zu gehen. Dort war er zumindest bei seinen Eltern und in der Nähe seiner Freunde.

Edek war kein Mensch, der tatenlos zuschauen konnte, wie seine Heimatstadt von den Deutschen immer mehr unterjocht wurde. Er wollte, er musste etwas dagegen tun. Also nahm er zu den ehemaligen Klassenkameraden Kontakt auf, und gemeinsam planten sie, sich der polnischen Heimatarmee* anzuschließen, wo sie auch trotz ihres jungen Alters sofort genommen wurden.

Schwerpunkte ihrer Aktionen waren Anschläge auf Eisenbahnbrücken und Zugstrecken, um so den Nachschub für die Nazis zumindest ins Stocken zu bringen.

Natürlich kannten sie die Gefahren, die jeder Einsatz mit sich brachte. Doch so hatten sie wenigstens das Gefühl, etwas für ihr Land zu tun, auch wenn sie damit riskierten, irgendwann erwischt zu werden, was den sicheren Tod bedeuten würde. Darüber waren sie sich im Klaren.

Von den Plänen der Deutschen wussten sie nichts, ahnten aber, dass es welche geben musste. Sie waren schließlich der Hauptfeind der Besatzer, und sie beobachteten, wie die polnische Intelligenz und Mitglieder des Widerstands systematisch ermordet wurden. Was hatten die Deutschen vor? Wollten sie Polen unmündig machen? Ihre kritischen Denker ausschalten?

Tatsächlich verfolgten die Feinde genau diesen Plan.

Der Standartenführer* Josef Meisinger* im Generalgouvernement* Krakau äußerte sich gegenüber der Sicherheitspolizei so: »Diese Organisationen [gemeint war der Widerstand] werden uns überschwemmen, wenn wir in den nächsten Tagen nicht zu einem Großangriff übergehen, der es uns ermöglichen würde, wenigstens Führer einzelner Organisationen zu eliminieren.«

Dieser »Außerordentlichen Befriedungsaktion«, kurz »Operation AB«*, fielen binnen kurzer Zeit 3000 Polen, vorwiegend Wissenschaftler, Mediziner, Juristen, aber auch Schüler der Oberschulen und Studenten zum Opfer. Damit war aus Sicht der Deutschen ein wichtiger erster Schritt getan: die Ausschaltung eines ernst zu nehmenden Widerstandes.

Im Osten solle Ruhe herrschen, hatte Adolf Hitler* dem Generalgouverneur Hans Frank* in Krakau deutlich vermittelt. Im Westen stand der Angriff auf Frankreich, Belgien und die Niederlande unmittelbar bevor. Die Aufmerksamkeit der Westeuropäer sollte sich nach dem Willen der Nazi-Regierung mehr auf diese Kämpfe richten als auf die Maßnahmen in Polen.

Edek und seine Freunde in der Widerstandsgruppe mussten vorsichtig sein, durften sich nicht, wenn sie sich tagsüber in der Stadt trafen, als Mitglieder des Widerstands zu erkennen geben. Überhaupt waren Treffen nur selten möglich, und wenn, dann an geheimen Orten. Die Gefahr, verhaftet zu werden, war zu groß.

Trotzdem passierte es. Im Frühjahr 1940 flog ihre Gruppe auf.

Einige von Edeks Freunden wurden in der Schule verhaftet, andere in der Stadt, Edek zu Hause.

Was passiert jetzt mit uns?, fragte er sich. Wo bringen sie uns hin? Wird man uns irgendwo außerhalb der Stadt erschießen? Wird man uns erst verhören? Sie hatten in der Gruppe ausführlich darüber gesprochen, wie die Verhöre der Deutschen aussahen. Oft hatten sie an Straßenrändern oder in Gräben Tote gesehen, die vorher von deutschen SS-Männern »verhört« worden waren.

Als Erstes landeten sie auf der örtlichen Polizeistation. Hier wurden sie tatsächlich verhört. Einzeln und nacheinander. Sie sollten Namen von weiteren Mitgliedern aus dem Widerstand preisgeben. Doch fast alle von ihnen schwiegen. Es folgten Schläge, Schläge ins Gesicht, auf den Rücken, aufs Gesäß, auf die Beine, Schläge mit Fäusten und Stöcken.

Die meisten blieben weiter bei ihrem Schweigen, auch Edek.

Zwei Tage mussten die jungen Männer auf der Polizeistation zubringen. Es waren qualvolle Stunden, nicht nur wegen der vielen Befragungen und Schläge, sondern auch wegen der Ungewissheit, was weiter passieren würde.

Edek hatte bis zuletzt tapfer geschwiegen. Würde das am Ende sein Todesurteil bedeuten? Würden die Deutschen ihn erschießen, sie alle? Sie hatten oft darüber geredet, den Tod ins Kalkül gezogen. Doch das war etwas anderes gewesen. Der Gedanke hatte nichts Konkretes gehabt. Und nun? Würde es jetzt wirklich so kommen?

Edek blieb keine Zeit, weiter darüber nachzudenken. Sie wurden aus der Polizeistation geführt und mussten auf die Ladefläche eines Lkw steigen. Stundenlang mussten sie dort während der Fahrt knien.

Nach einer schier endlosen Strecke waren sie schließlich am Ziel angekommen, dem Gefängnis in Tarnow. Mit lautem Geschrei und Stockschlägen wurden sie von dem Fahrzeug heruntergeprügelt. Edek und allen anderen fiel es schwer, sich aufrecht zu halten. Vom Knien hatten sie Schmerzen in den Beinen und nur unter Mühen schafften sie den Weg durch das Gefängnistor.

Ohne weiteren Kommentar wurden sie in Zellen gesperrt, in denen schon andere Männer auf Pritschen oder dem Fußboden lagen.

MALA

Der Umzug

Mala war traurig. Heute war der 26. Januar, ihr zehnter Geburtstag. Sie hatte so sehr gehofft, die Familie wäre an diesem Tag wieder vereint. Wie lange war der Vater mit den beiden älteren Geschwistern jetzt schon weg? Auch ihren neunten Geburtstag hatte Mala ohne sie feiern müssen.

»Ich werde euch bald nachholen!«, hatte ihr Vater versprochen, als er sich mit den beiden Großen vor über einem Jahr auf den Weg machte. Lange hatte er ihr in die Augen geschaut, sie schließlich fest an sich gedrückt und ihr einen Kuss auf die Stirn gedrückt.

Dann waren sie gegangen, alle drei.

»Ich hoffe, wir können hierbleiben«, schrieb Malas Vater nach einigen Wochen aus Deutschland. »In Ludwigshafen habe ich eine Arbeit gefunden. Es sind allerdings schwere Zeiten. Der Antisemitismus* breitet sich hier, genauso wie in unserem geliebten Polen, immer mehr aus.«

Danach hörten sie lange nichts mehr von ihm.

Chaja, Malas Mutter, merkte, dass ihre Tochter traurig war, und nahm sie in den Arm.

»Wir werden bald wieder zusammen sein«, versuchte sie Mala zu trösten.

»Warum gehen wir überhaupt weg? Es ist doch schön hier!« Mala hatte sich die Frage schon oft gestellt.

»Ja, es ist schön hier. Und glaub mir, wir würden auch lieber bleiben, als schon wieder wegzugehen. Du hast es vielleicht noch nicht so gemerkt wie wir Erwachsenen. Wir werden hier nicht nur abgelehnt, sondern regelrecht angefeindet. Und warum? Weil wir Juden sind! Wenn irgendetwas passiert, heißt es sofort, die Juden sind schuld. Wenn zu wenig Geld in der Gemeindekasse ist, heißt es, die Juden müssen mehr Steuern bezahlen. Wenn wir unseren Shabbat* feiern, betrachten uns die Menschen als Faulenzer, weil wir am Samstag nicht arbeiten. Sie wissen nichts über unsere Religion und wollen auch gar nichts wissen.«

Chaja unterbrach sich und sah ihre Tochter lange an.

»Aber du hast ja heute Geburtstag, da lass uns über anderes reden. Was möchtest du tun?«

»Nein«, widersprach Mala, »ich hör dir gern zu, wenn du erzählst. So erfahre ich wenigstens etwas über uns, unsere Stadt und das Land.« Mala lächelte ihre Mutter an. »Erzähl mir, warum ihr in diese Stadt gezogen seid. Habt ihr vorher nicht gewusst, dass die meisten Leute hier gegen Juden sind, oder hat sich das erst in den letzten Jahren so entwickelt?«

Chaja nickte.

»Das ist eine gute Frage. Ich glaube, wir haben uns vorher keine Gedanken darüber gemacht. Wir sind hergezogen, weil wir gehofft hatten, hier, im Schtetl*, zur Ruhe zu kommen. Die Zeit, die hinter uns lag, war sehr schwer, besonders für mich.«

Chaja starrte vor sich hin. Die Erinnerungen waren wieder da.

»Wieso war die Zeit denn so schwer? Ich weiß nur, dass ihr in Deutschland gelebt habt. Was war in Deutschland, *warum* seid ihr dort weggegangen?«

»Ich hole uns noch was zu trinken, dann erzähl ich es dir.«

Als Chaja zurückkam, begann sie zu reden.

»Bevor du geboren wurdest, lebten wir etwas mehr als drei Jahre in Mainz. In der ersten Zeit haben wir uns dort sehr wohl gefühlt. Wir hatten eine schöne Wohnung in einem Hinterhaus. Die Synagoge*, die wir regelmäßig besuchten, war ganz in der Nähe.«

Pinkas, Malas Vater, war ein angesehener Kaufmann gewesen, von dessen Einkommen die Familie gut hatte leben können. Die beiden älteren Kinder, Gitla und Salomon, gingen in eine Mainzer Schule, Jidel war gerade ein Jahr alt. Die Familie sprach gut Deutsch, einzig zu Hause unterhielten sie sich gelegentlich noch in Polnisch, besonders die Eltern, wenn sie allein waren.

Chaja war in dieser Zeit wieder schwanger geworden.

»Wir freuten uns riesig auf das Kind. Wir waren eine glückliche Familie. Obwohl wir nicht wussten, ob es ein Junge oder ein Mädchen werden würde, hatten wir schon einen Namen. Wir waren fest überzeugt, dass es ein Mädchen sein würde. Es sollte Merjan heißen. Doch dann ...«

Chaja stockte. Tränen liefen ihr plötzlich über die Wangen.

»Du musst nicht weitererzählen«, sagte Mala. »Ich weiß, dass Jidel bei einem Unfall gestorben ist.«

Chaja nickte.

»Nach Jidels Tod war es so unendlich schwer, mich auf das neue Kind zu freuen. Mein Jidele war nicht mehr da, er war ein so lustiges Kind. Jeden Tag, jede Stunde, jede Minute habe ich ihn vermisst.«

Chaja wischte sich die Tränen ab, bevor sie weitersprach.

»Ich war froh, dass ich ein Mädchen bekommen habe, ein Junge hätte mich bestimmt immer an Jidel erinnert. Natürlich bekam die Kleine den Namen ›Merjan‹, wurde aber bald nur noch ›Jochka‹ gerufen.«

Chaja lehnte sich zurück und atmete tief durch.

»Mainz ist eine schöne Stadt, in der wir uns lange wohlgefühlt haben. Doch nach Jidels Tod war das vorbei. Wir waren dort nicht mehr zu Hause. Viele Kontakte, die wir hatten, sind abgebrochen, weil wir einfach nicht mehr unbeschwert mit den sehr lebenslustigen Menschen dort reden und uns mit ihnen treffen wollten. Danach war für Pinkas und mich klar, dass Polen unser Heimatland ist und es dort vielleicht leichter wäre, ein neues Leben anzufangen. In Mainz wurde ich ständig, egal was ich tat oder wo ich hinging, an Jidel erinnert. Hinzu kam, dass sich Deutschland damals im Krieg befand, und je länger der andauerte, umso weniger Geld hatten die Menschen, sich Dinge zu kaufen. Unsere Einnahmen wurden immer geringer. Lange würden wir so nicht mehr über die Runden kommen, da waren Pinkas und ich uns einig. Also haben wir Kontakt aufgenommen zu unseren Verwandten in Polen, und letztlich war es dein Urgroßvater, der uns die Wohnung hier in Brzesko, diesem beschaulichen Schtetl, besorgt hat.«

Es war nicht einfach für die Zimetbaums gewesen, in ihrem Heimatland wieder heimisch zu werden. Sie kamen aus Deutschland, sprachen Deutsch, und sie waren Juden. Oft wurden sie als »die Deutschen« beschimpft. Doch sie waren optimistisch, glaubten, das seien bloß Startschwierigkeiten, die bald überwunden wären.

»Die ersten Jahre waren auch ganz schön. Dein Urgroßvater besuchte uns oft, und ihr Kinder habt euch gefreut, wenn er kam. Und ich wurde erneut schwanger, diesmal mit dir.«

Jetzt strahlte Chaja wieder, als sie sich erinnerte.

»Malka, wir haben dich Malka genannt. Weißt du, was der Name bedeutet?«

»Klar!«, sagte Mala und nickte. »Er bedeutet ›Königin‹, das habt ihr mir oft erzählt. Und dass es ein hebräischer Name ist.«

»Aus ›Malka‹ wurde schnell ›Mala‹, weil in Polen die Vornamen oft geändert werden«, fuhr Chaja fort. »Und noch etwas haben wir gemacht, das wenige Jahre zuvor noch undenkbar schien.«

Mala schaute ihre Mutter neugierig an.

»Über Jahrhunderte war es üblich gewesen, dass die Kinder den Familiennamen der Mutter bekamen. Wir waren nicht die Ersten, die das geändert haben, aber auch wir wollten uns von der alten Tradition abwenden und haben unseren Kindern den Familiennamen des Vaters gegeben. Zimetbaum. Hätten wir die jüdische Tradition fortgesetzt, würden alle meine Kinder heute ›Schmelzer‹ heißen.«

Chaja machte einen ganz zufriedenen Eindruck. Es tat ihr gut, mit Mala über die Vergangenheit zu reden.

»Wo steckt Jochka eigentlich?«, fragte Mala ganz unvermittelt, als sie merkte, dass sie ihre Schwester schon seit ein paar Stunden nicht mehr gesehen hatte.

»Sie besucht ihre Freundin Aliyah. Sie will ihr heute sagen, dass wir bald wegziehen werden. Das wird sicher nicht einfach, für beide.«

Mala kannte Aliyah und wusste, dass sie Jochkas beste Freundin war. Manchmal dachte sie, die beiden könnten auch Schwestern sein, so eng verbunden schienen sie miteinander.

»Wo du mich gerade dran erinnerst, wann wird denn der Umzug sein? Gehen wir dann wirklich für immer hier weg und kommen nie wieder zurück?« Mala konnte sich nicht vorstellen, die Stadt zu verlassen. Sie kannte nichts anderes, Brzesko war ihre Heimat. Aber sie war auch neugierig auf das, was kommen würde.

Pinkas Zimetbaum hatte mit den beiden älteren Kindern Ludwigshafen nach zwei Jahren wieder verlassen und war nach Antwerpen gezogen. In Antwerpen fanden sie nicht nur eine passende Wohnung, sondern auch eine jüdische Gemeinde mit sehr vielen Mitgliedern, die wie er und Chaja aus Osteuropa stammten.

Bevor seine Frau mit den beiden jüngeren Kindern

nachkommen sollte, wollte Malas Vater erst in Antwerpen Fuß fassen, Geld verdienen, damit sie ein ausreichendes Einkommen hätten.

»Wir haben fast alle für die Ausreise notwendigen Dokumente zusammen«, erklärte Chaja jetzt ihrer Jüngsten. »Und das, was noch fehlt, werden wir in den nächsten Wochen bekommen. Ich denke, es wird noch in diesem Frühjahr losgehen.«

Sie klang ganz zuversichtlich. Zu lange war sie schon von ihrem Mann und den beiden älteren Kindern getrennt.

Im März 1928 war es schließlich so weit. Chaja und die beiden jüngeren Kinder, Jochka und Mala, hatten alle für die Einreise nach Belgien erforderlichen Dokumente zusammen und reisten mit dem Zug nach Antwerpen. Doch Chaja und ihre beiden Töchter fanden Pinkas nicht mehr so vor, wie sie ihn in Erinnerung hatten. Er war erblindet. Seiner Arbeit als Hausierer, der seine Waren an Haustüren anbot, konnte er nur noch eingeschränkt nachgehen.

Es war zwar nicht das gute neue Leben, das Chaja sich erhofft hatte. Trotzdem war sie froh, dass die Familie wieder zusammen war, und gerne bereit, ihren Beitrag zum Lebensunterhalt zu leisten. So begann sie, mit Strickwaren zu handeln. Doch auch dieser Verdienst reichte nicht aus und sie mussten öffentliche Hilfe in Anspruch nehmen.

Mala besuchte in Antwerpen eine städtische Schule. Sie war eine gute Schülerin, die die neue Sprache schnell

Mala Zimetbaum als Jugendliche in Antwerpen

lernte. Weil ihre Leistungen so gut waren, konnte sie die vierte Klasse sogar überspringen.

Mala hatte viele Begabungen. Neben der Mathematik waren es besonders Sprachen, die sie interessierten. Und in der Vielsprachenstadt Antwerpen hatte sie die Möglichkeit, gleich mehrere parallel zu lernen: Französisch, Flämisch, das der niederländischen Sprache sehr ähnlich ist, und auch Deutsch.

Obwohl ihr ein Stipendium für die Oberschule angeboten wurde, konnte die Familie es sich nicht leisten, ihrer Tochter die Ausbildung zu ermöglichen. Denn einen

Teil des Schulgeldes hätte sie trotzdem selbst aufbringen müssen.

Doch Mala war wissbegierig. So oft wie möglich hockte sie, über Bücher gebeugt, in den Lesesälen der Stadtbibliothek oder besuchte Kurse in einer Abendschule. Mit Freunden oder der Familie saß sie gerne zusammen, um über all die Fragen zu diskutieren, die sie gerade beschäftigten.

Alle Kinder der Zimetbaums mussten ihren Beitrag zum Unterhalt leisten. Salomon und Jochka arbeiteten als Diamantschneider in einem der vielen kleinen Diamantbetriebe in Antwerpen. Auch Mala arbeitete nachmittags, wenn sie aus der Schule kam. In ihrer Nachbarschaft gab es eine kleine Firma, die Strickwaren herstellte. Malas Aufgabe war es, Aufnäher auf den Produkten anzubringen. Gitla, die älteste Tochter, versorgte den Haushalt.

Mala lernte und arbeitete und arbeitete und lernte. Mit fünfzehn Jahren schloss sie sich der Jugendorganisation Hanoar Hatzioni* an. Einmal in der Woche trafen sich die Mitglieder und diskutierten über religiöse und politische Themen. Im Fokus ihrer Gespräche stand die Idee der Gründung eines israelischen Staates.

EDEK

Ankunft in Auschwitz

Die Zeit der Ungewissheit schien vorbei zu sein. Das hoffte Edek zumindest. Wie lange war er jetzt schon in diesem Gefängnis in Tarnow? Er wusste es nicht. Jegliches Zeitgefühl war ihm abhandengekommen. Waren es Wochen oder Monate?

Täglich wurde er von Wachmännern aus der Zelle geholt und zu den sogenannten Verhören gebracht. Weil er sich unwissend stellte und keine Namen von weiteren Mitgliedern der Widerstandsgruppe nannte, wurde er von Wächtern, die im Verhörraum immer mit dabei waren, verprügelt. Mal mit den Fäusten ins Gesicht, öfter jedoch mit Schlagstöcken auf Rücken oder Beine. Edek blieb trotzdem standhaft. Wenn er geschunden in die Zelle zu den anderen Häftlingen zurückgebracht wurde, sahen sie ihn mitleidig und ängstlich an. Doch Edek brachte jedes Mal ein leichtes Grinsen hervor. Dann wussten alle, dass er nichts verraten hatte.

Immer wieder wurden auch Häftlinge aus den Zellen in den Gefängnishof geführt und dort erschossen. Die so frei gewordenen Plätze füllten sich schnell mit neuen Gefangenen.

Irgendwann verbreitete sich das Gerücht, sie würden

verlegt. Hoffnung keimte auf. Schlimmer als in Tarnow würde es in anderen Gefängnissen bestimmt nicht werden. Niemand konnte sich vorstellen, dass es zu den Misshandlungen in Tarnow noch eine Steigerung gäbe.

Unter den gebrüllten Kommandos und Prügeln der Wärter wurden am Abend des 13. Juni 1940 sämtliche Häftlinge aus ihren Zellen getrieben. Das Gerücht der Verlegung hatte sich offenbar bestätigt. Deutsche Polizisten führten sie durch die Stadt bis zur jüdischen Badeanstalt. Dort wurden sie desinfiziert und jeder von ihnen bekam ein Lebensmittelpaket.

In vielen keimte die Hoffnung auf, sie könnten entlassen werden. Die Angehörigen sollten sehen, dass sie gut verpflegt worden waren. Auch das üppige Frühstück, das sie am Morgen bekamen, ließ doch nur den einen Schluss zu, bald endlich frei zu sein.

Offenbar gab es einen Wärter, der bereit war, ihre Angehörigen über die bevorstehende Freilassung zu informieren. Natürlich ließ er sich dafür teuer entlohnen.

Edek verzichtete, seine Eltern wohnten viel zu weit weg. Wenn er freikäme, würde er sich umgehend selber bei ihnen melden.

Er schaute sich unter den Gefangenen um. Die meisten waren ungefähr zwanzig oder etwas älter, die ältesten zwischen dreißig und fünfzig. Mit seinen gerade mal sechzehn Jahren gehörte Edek eindeutig zu den jüngsten.

Die Nacht verbrachten sie in der Badeanstalt, und morgens um fünf Uhr wurden erneut Kommandos gebrüllt.

»Raus! Raus! Raus! Schneller! Schneller!«

Vor der Badeanstalt mussten sie sich zu Gruppen von jeweils hundert Männern aufstellen. Schließlich hatten sich sieben große Gruppen und eine kleinere formiert, deren Zahl er nur schätzen konnte. Es waren auf jeden Fall weniger als fünfzig Männer. Unter lauten Befehlen in deutscher Sprache, die nur wenige verstanden, setzten sich die Gruppen in Bewegung.

Es war noch früh am Morgen, die Straßen fast menschenleer. Nur wenige, die von den Bürgersteigen aus nach Angehörigen unter den Gefangenen suchten, waren zu sehen. Doch sie wurden bald von den Wachmännern in Hauseingänge oder Hinterhöfe gescheucht. Stumm marschierte die Kolonne durch die Straßen in Richtung Bahnhof.

Gelegentlich konnte Edek erschreckte Gesichter hinter Gardinen ausmachen, die aber schnell wieder verschwanden. Nur einmal hörte er einen Schuss und das Splittern von Glas. Da war wohl jemand nicht schnell genug gewesen.

Auf dem Weg zum Bahnhof verbreitete sich ein neues Gerücht, das sich die Häftlinge zuflüsterten. Einer der Wachmänner hatte es ihnen gesteckt. »Zwangsarbeit* in Deutschland!«

Edek schaute in entsetzte Gesichter. Andere schüttelten den Kopf. Nach der langen Zeit im Gefängnis hatten die meisten ihren Widerstandsgeist verloren. Sie ergaben sich bloß noch ihrem Schicksal. Nur wenige hofften darauf, in Deutschland besser behandelt zu werden als in dem von Deutschen besetzten Polen.

Als sie endlich am Bahnhof ankamen, stand der Zug schon bereit. Wieder wurden Befehle gebrüllt.

»Nur die Abteile besetzen! Nur die Abteile besetzen! Die Gänge sind für die Wachen freizuhalten!«

Es dauerte einige Stunden, bis sich alle im Zug befanden. Während die Abteile überfüllt waren, hatten die Wachen in den Gängen genügend Platz. Schließlich setzte sich der Zug in Bewegung.

Edek schaute durch das Fenster auf die vorbeiziehende Landschaft. Er sah Dörfer und Felder, auf denen Bauern arbeiteten. Manche winkten dem Zug hinterher. Edek wäre jetzt gerne da draußen gewesen.

Am Bahnhof in Krakau hielt der Zug an. Edek schaute hinaus. Fremd sah alles aus, sehr fremd. Unzählige Hakenkreuzfahnen hingen an den Gebäuden. Aus den Lautsprechern, die sonst die ankommenden und abfahrenden Züge meldeten, drang laute Marschmusik. Und – Edek glaubte zuerst, sich verhört zu haben – die Nachricht, Paris sei gefallen. Doch er hatte richtig verstanden. Die Marschmusik wurde leiser, und aus den Lautsprechern dröhnte immer wieder der gleiche Satz: »Paris ist gefallen!«

Nach einiger Zeit setzte sich der Zug wieder in Bewegung, aber in welche Richtung? Es war auf keinen Fall die nach Deutschland! Alle im Abteil rätselten, wohin die Reise ging. Von den deutschen Bewachern bekamen sie keine Auskunft.

Edek schaute hinaus, versuchte sich zu orientieren. Wieder kamen sie an einem Bahnhof vorbei, allerdings ohne dass der Zug anhielt. »Auschwitz-Oświęcim« las er.

Der Zug ruckelte noch ein paar Kilometer weiter, bevor er endgültig zum Stehen kam.

Der Reichsführer* SS Heinrich Himmler* hatte Richard Glücks*, dem Inspekteur der Konzentrationslager*, den Auftrag erteilt, sich sowohl in Deutschland als auch in den besetzten Gebieten im Osten nach geeigneten Gefängnissen, Kasernen oder sonstigen Gebäuden umzuschauen, die für die Einrichtung von KZs geeignet waren. Himmler hatte in seiner Anweisung ausdrücklich auch Auschwitz* genannt.

Sowohl Glücks als auch der spätere Lagerleiter Rudolf Höss*, der bereits vor Ort war, fanden die Gebäude der ehemaligen polnischen Kaserne wie auch den Standort besonders geeignet. Doch waren sie einhellig der Meinung, dass die vorhandenen Gebäude für die vorgesehenen Funktionen nicht ausreichen würden. Nach Himmlers Vorstellungen sollten dort mehr als 10000 Häftlinge interniert werden. Erweiterungsbauten mussten geplant und Arbeitskräfte für die Umsetzung beschafft werden.

In einem ersten Schritt wandte sich Höss* an den Amtskommissar* der unter deutscher Besatzung stehenden Stadt Auschwitz, Julius Grünweller*. Grünweller ordnete an, dass dreihundert junge jüdische Männer aus der Stadt zur Zwangsarbeit in das entstehende Konzentrationslager beordert wurden.

Diese Zahl reichte aber bei Weitem nicht aus, die notwendigen zusätzlichen Gebäude schnell zu errichten. Höss forderte deshalb weitere Arbeitskräfte an, und so wurde beschlossen, zusätzlich Häftlinge aus Gefängnissen für die Arbeit einzusetzen. Es war ja bekannt, dass die Gefängniszellen voll von jungen polnischen Männern steckten, die entweder im Widerstand waren oder Schüler und Studenten, denen man keine Zukunft in ihrem Land geben wollte.

Weil die große Zahl von Arbeitskräften beaufsichtigt werden musste, organisierte SS-Hauptscharführer* Gerhard Palitzsch* dreißig Häftlinge aus dem Konzentrationslager Sachsenhausen*. Alle dreißig waren, im Sprachgebrauch der Nazis, »Berufsverbrecher«. Hier, in dem neu entstehenden Lager, wurden sie als Kapos* eingesetzt.

Ihnen wurde die Aufgabe übertragen, die Häftlinge in Arbeitskommandos zusammenzufassen und sie zu überwachen. Wenn die Arbeitskräfte in ihren Augen zu langsam arbeiteten, sollten die sogenannten Kapos durchaus von ihren Schlagstöcken Gebrauch machen. »Wenn dabei mal einer draufgeht«, grinste Palitzsch, »es gibt genügend Nachschub.«

Die dreißig Kapos standen mit ihren Stöcken an den Gleisen, als der erste Zug mit Häftlingen eintraf, hinter ihnen bewaffnete SS-Männer.

Das Gebäude, in dem die Gefangenen vorübergehend untergebracht werden sollten, war extrem heruntergekommen. Vor dem Krieg hatte es dem polnischen Tabakmonopol als Lagergebäude gedient. Es lag direkt neben den Kasernengebäuden, die zum Stammlager Auschwitz ausgebaut wurden. Daneben gab es einen großen Platz, der sich für die täglichen Zählappelle eignete.

Der Zug fuhr langsamer, die Bremsen quietschten. Edek schaute aus dem Fenster. Warum hielten sie an? Sollte das die Endstation sein? Auf der einen Seite ein verfallenes Gebäude, auf der anderen nichts als Gestrüpp! Die Türen der Waggons wurden aufgerissen, laute Befehle gebrüllt!

»Los! Raus! Schneller! Schneller! Faules Pack! Raus, ihr Schweine!«

Edek verstand nicht alles, doch dem Tonfall nach waren es keine höflichen Aufforderungen, den Zug zu verlassen.

Auf dem Gelände vor dem halb verfallenen Gebäude mussten sich sämtliche Häftlinge aufstellen. Sie waren erschöpft, sie waren müde, sie hatten Hunger und Durst, und nun standen sie da und warteten, was kommen würde. Es war ein heißer Junitag, die Sonne brannte auf sie herab.

Edek beobachtete, wie einige der Mithäftlinge anfingen zu schwanken, doch sofort waren Kapos zur Stelle und schlugen auf die Männer ein.

Schließlich trieb man sie ins Innere des Gebäudes. Dort mussten sie duschen und wurden desinfiziert. Anschließend wurden ihnen sämtliche Körperhaare entfernt.

An verschiedenen Tischen saßen Kapos, die den Häftlingen Pappschilder in die Hand drückten, auf denen eine Nummer stand. Sie wurden nach ihrem Namen und dem Beruf gefragt. Nur wenige verstanden die deutsche Sprache und wurden, wenn sie nicht sofort den Anweisungen folgten, zusammengeschlagen.

Häftlingsfotos von Edek Galinski, wie sie in Auschwitz üblich waren

Auch Edek bekam ein Schild, als der Kapo mit seiner Befragung fertig war. *531* stand darauf. Das war jetzt die Zahl, die seinen Namen ersetzte.

Kahl geschoren und in der gestreiften Häftlingskleidung sahen sie sich plötzlich alle sehr ähnlich. Danach mussten sie wieder raus. Nachdem sie sich in Reihen aufgestellt hatten, gingen die Kapos mit ihren Knüppeln an den Männern vorbei und schlugen ihnen auf die frisch geschorenen Köpfe, auf den Rücken, traten ihnen gegen die Beine, boxten ihnen mit heftigen Faustschlägen in den Bauch, und als sie am Ende der Reihe angelangt waren, wiederholte sich das Ganze in der umgekehrten Reihenfolge. Mit schmerzverzerrten Gesichtern, blutigen Nasen, Striemen auf Rücken und Beinen mussten die Männer weiter strammstehen.

Dann ertönte der Befehl: »Mützen ab!«

SS-Hauptsturmführer* Karl Fritsch* baute sich vor ihnen auf und hielt eine Begrüßungsrede.

»Ihr seid hier nicht in einem Sanatorium, das hier ist ein deutsches Konzentrationslager! Der einzige Ausweg hier raus ist der durch den Schornstein des Krematoriums! Wem das nicht passt, kann gleich in den Draht gehen! Alle Juden unter euch werden hier höchstens zwei Wochen überleben, Pfaffen drei Wochen, alle anderen höchstens drei Monate!«

Edek verstand nichts. Doch der Ton des SS-Manns* ließ ihn nichts Gutes ahnen.

Nach der Rede wurde ihnen befohlen, sich in die Schlafräume zu begeben. Erleichterung war den Männern anzusehen, endlich fand die Schinderei ein Ende!

Doch kaum war die Anweisung ausgesprochen, wurden schon wieder die Knüppel geschwungen. Es gab nur eine schmale Eingangstür und den Kapos ging alles viel zu langsam. Mit lautem Brüllen schlugen sie auf die Männer ein. Die passten aber höchstens zu zweit nebeneinander durch die Tür, schneller ging es einfach nicht.

Drinnen wurden sie wieder von Kapos empfangen. Unter Schlägen wurden sie auf die Räume verteilt. Edek blickte sich um. Die Männer, mit denen er den Schlafraum teilen musste, kamen ihm alle fremd vor. Kahl geschoren und in der gestreiften Kleidung hatten sie ihre Individualität verloren.

Es war schon fast ein Luxus, Strohsäcke auf dem Boden zu haben und dazu noch Decken.

»Endlich hat diese Schinderei ein Ende!«, klagte einer der Männer neben Edek. Sie alle hatten nur ein Bedürfnis: sich hinzulegen und zu schlafen.

Doch die Vorfreude auf Nachtruhe war verfrüht. Kaum hatten sie sich auf den Matratzen niedergelassen, kam ein Kapo und brüllte: »Aufstehen!«

Nacheinander erhoben sie sich.

»Hinlegen!«, lautete der nächste Befehl. »Das muss schneller gehen!«

»Aufstehen! Hinlegen! Aufstehen! Hinlegen! Aufstehen! Hinlegen! ...«

Endlos zog sich diese Schinderei, bis der Kapo schließlich den Raum verließ.

Am nächsten Tag ging es genauso weiter. Die Männer wurden unter Quarantäne gestellt, durften noch nicht mit den im Lager bereits bestehenden Arbeitskommandos arbeiten. Die ersten Männer – mehrere Hundert – hatte die SS aus der Stadt Oświęcim – was der polnische Name für Auschwitz ist – zwangsverpflichtet.

Draußen auf dem Platz sollten sie hüpfen, sich durch den Staub rollen, Kniebeugen machen, dann wurde von ihnen verlangt, deutsche Volkslieder zu singen. Nur wenige, die irgendwann einmal die deutsche Sprache gelernt hatten, konnten der Anweisung folgen. Die, die »Fehler« machten, bekamen die Knüppel der Kapos zu spüren.

Danach zwangen die Kapos sie, auf die Bäume zu klettern, die es auf dem Gelände gab, und wer zu langsam war, wurde erneut verprügelt.

Als Nächstes befanden die Kapos, das Gras sei zu hoch gewachsen, und verlangten von den Männern, es mit ihren Zähnen zu kürzen. Lautes Gelächter kam von den Aufsehern, während sie zusahen, wie die Häftlinge auf allen vieren über das Gelände robbten und die Grashalme abbissen.

»Wie lange werde ich das aushalten?«, fragte sich Edek. Allmählich begriff er, was die Begrüßungsrede wohl bedeutet hatte. Doch er wollte nicht aufgeben, er war noch jung, er wollte das hier überleben. Ob er es schaffen würde? Er wusste es nicht. Das, was er und alle anderen gerade durchmachten, hatte nichts mehr mit Leben zu tun. Es glich der Hölle.

MALA

Veränderungen

Im Hause Zimetbaum wurde geheiratet. Weil zuerst Malas Schwester Gitla, dann ihr Bruder Salomon und ihre Schwester Jochka eigene Familien gründeten, leerte sich nach und nach die Wohnung der Eltern und man beschloss, umzuziehen und sich zu verkleinern.

Das neue Zuhause lag in der Marinistraat 7 im jüdischen Viertel von Antwerpen. Hier fanden sie auch zwei Familien, mit denen sie sich anfreundeten.

Mala begann, weil sie wegen der wirtschaftlichen Lage ihrer Familie keine weiterführende Schule besuchen konnte, eine Ausbildung als Schneiderin. Die Stelle fand sie im Modehaus »Maison Lilian«, einem sehr namhaften Geschäft in der Stadt. Die Lehre füllte Mala aber nicht aus. Abends und in ihren freien Stunden an den Wochenenden vertiefte sie sich weiter in Bücher, die sie in der Stadtbibliothek auslieh. Den Naturwissenschaften, der Philosophie und den Sprachen galt ihr besonderes Interesse.

Viel Zeit verbrachte sie auch in der Jugendgruppe Hanoar Hatzioni. Dort standen nicht nur tiefgründige Diskussionen auf dem Programm, sondern auch Freizeitaktivitäten wie Spiele, Sport, Wanderungen und Musik.

Irgendwann Anfang 1940 fiel ihr ein junger Mann in der Gruppe auf, der offenbar ein Auge auf sie geworfen hatte. Wenn sie Wanderungen machten, versuchte er immer, in ihrer Nähe zu sein. In Gesprächsrunden schaute er sie oft an, und wenn Mala den Blick erwiderte, blickte er verlegen zur Seite.

Mala wusste nur, dass er Charles Sand hieß. Einmal begleitete er sie nach Hause. Dabei erzählte er ihr von seiner Familie, seinen Brüdern, und Mala hörte heraus, dass es wohl eine sehr wohlhabende Familie sein musste. Sie fand auch, dass er ganz gut aussah. Einzig sein Alter störte sie. Er war drei Jahre jünger, und Mala glaubte, er sei noch zu unreif für eine Beziehung.

Doch Charles hatte sich in sie verliebt und war bald immer häufiger bei den Zimetbaums zu Besuch. Auch wenn ihr das recht war, zögerte Mala doch weiter; sie war sich mit ihm nicht sicher.

Charles ließ nicht locker.

»Du wirst dich an mich gewöhnen!«, sagte er eines Tages mit einem leichten Schmunzeln.

Mala musste über den Satz lachen. Sie wollte sich nicht an ihn *gewöhnen*. Wenn sie mit jemandem zusammen war, dann wollte sie ihn lieben, nicht bloß aus Gewohnheit bei ihm sein.

Doch die Gefühle zu Charles entwickelten sich. Sie mochte ihn und freute sich, wenn sie zusammen waren. Schließlich machte er ihr einen Heiratsantrag. Ende 1940 verlobten sie sich und Mala war glücklich.

Was ihr allerdings große Sorgen bereitete, war die politische Situation im Land. Nach dem Überfall auf Belgien am 10. Mai 1940 hatten die Deutschen binnen weniger Tage das ganze Land besetzt. Die Situation der jüdischen Bevölkerung verschlechterte sich rapide. Sie mussten in der Öffentlichkeit einen Judenstern tragen und sich ins amtliche Judenregister* eintragen lassen. Dort wurden sie als Staatenlose geführt.

Mala sorgte sich um ihre Familie. Die Eltern waren ihrer Meinung nach einfach zu gutgläubig, sie schätzten die Deutschen als gebildete Menschen ein und konnten sich nicht vorstellen, dass die Nazis den Juden Schlimmes antun könnten.

»Glaubt ihr wirklich, die geben uns eine Arbeit, damit wir von dem Verdienst gut leben können?«, schleuderte Mala den Eltern eines Morgens Anfang Juni ins Gesicht. »Die werden uns wahllos auf die Straße werfen und abtransportieren! Irgendwohin!«

Mala hatte gute Kontakte zu ehemaligen Deutschen, die das Land nach Hitlers Machtergreifung verlassen und in Belgien ein neues und vermeintlich sicheres Zuhause gefunden hatten. Sie erzählten ihr, wie sich die Situation der Juden in ihrer ehemaligen Heimat immer weiter verschlimmert hatte und sie zunächst ausgegrenzt und schließlich in Judenhäuser gesperrt wurden, bevor man sie abtransportierte.

»Es sind nicht nur die Gesetze, die die Nazis verabschiedet haben«, erfuhr Mala, »die ganze Bevölkerung steht dahinter. Sie unterstützt den Hass auf Juden und macht kräftig mit. Die Leute haben uns verspottet, unseren Kindern die Schule verweigert, und viele von uns durften nicht mehr arbeiten. Menschen, zu denen wir vorher gute Beziehungen hatten, haben die Straßenseite gewechselt, wenn sie uns sahen.«

In den Sommermonaten schloss sich Mala der Widerstandsbewegung »Weiße Brigaden«* an. Die belgische Bevölkerung war ihren jüdischen Mitbürgern gegenüber überwiegend wohlgesonnen, und so versuchten die Brigaden, jüdischen Familien eine sichere Unterkunft zu verschaffen.

Auch die Brüder ihres Freundes Charles waren in Gefahr. Durch Malas Vermittlung gelang es, ihnen ein Visum für Frankreich zu beschaffen, so konnten die jungen Männer über das Nachbarland in die neutrale Schweiz fliehen.

Zu Beginn des Jahres 1942 wechselte Mala ihre Arbeitsstelle. In der Verwaltung der Firma »American Diamond Company« hatte sie vielfältige Bürotätigkeiten zu erledigen. Vor allem schätzte man in dem US-Unternehmen ihre Sprachkenntnisse und überließ ihr fortan die Übersetzung der gesamten Geschäftspost aus dem Flämischen und Französischen ins Englische und umgekehrt.

Mala liebte ihre Arbeit und genoss es, die vielen Sprachen, die sie beherrschte, einsetzen zu können. Auch verdiente sie gut, sodass sie ihre Familie unterstützen konnte, die das Geld dringend brauchte.

Allerdings musste die Firma schon wenige Monate, nachdem Mala dort anfing, auf Anordnung der deutschen Besatzer schließen. Die Firmenleitung bat Mala, mit nach Amerika zu kommen, doch sie lehnte das Angebot ab, weil sie ihre Eltern nicht allein in Belgien zurücklassen wollte.

Wie ernst die politische Lage im Land und vor allem in Antwerpen war, konnte die Familie Zimetbaum mit eigenen Augen sehen. Bereits im April 1941 fand in der Stadt ein Pogrom statt, bei dem sowohl deutsche als auch flämische Nazis zwei Synagogen niederbrannten und jüdische Geschäfte plünderten. Aus dem dritten Stock ihrer Wohnung verfolgten die Zimetbaums ängstlich durch die geschlossenen Vorhänge das barbarische Treiben der marodierenden Nazi-Banden. Die Männer waren bewaffnet und schreckten auch nicht vor dem Gebrauch ihrer Waffen zurück. Laut grölend marschierten sie durch die Marinistraat und riefen: »Juda verrecke!«

Und in den nächsten Wochen und Monaten wurde es noch schlimmer. Immer öfter patrouillierten SS-Männer durch die Straßen, kontrollierten Ausweise, nahmen wahllos Menschen fest. Mala und ihre Eltern konnten es von ihrer Wohnung aus beobachten. Die Festgenommenen wurden getreten, geschlagen und an Armen, Beinen oder Haaren über die Straße zu einem bereitstehenden Militärfahrzeug gezerrt.

Malas Bruder Salomon wurde zur Zwangsarbeit verpflichtet, doch er hatte Glück und konnte mit Unterstützung einiger Helfer fliehen und untertauchen.

Die Eltern waren aber trotz all der Schrecken, die sie vor ihrer eigenen Haustür erlebten, lange Zeit nicht bereit, die Stadt zu verlassen. Pinkas war nun mal blind und ging nur noch ungern aus dem Haus. Und Chaja sah sich außerstande, allein eine neue Wohnung zu suchen, in der sie sicherer sein würden. An einen Umzug konnte und wollte sie einfach nicht denken.

»Ich möchte nicht an einen fremden Ort!«, betonte sie, wenn Mala immer öfter davon sprach, nicht nur die Wohnung, sondern auch die Stadt zu verlassen. Doch Mala gab nicht auf.

»Ihr bekommt doch täglich mit, was hier passiert. Niemand ist mehr sicher. Jeden Tag können die Nazis auch vor unserer Wohnungstür stehen und uns abholen!«

Mithilfe ihres Verlobten versuchte Mala, ein sicheres Versteck für die Eltern zu finden. Gemeinsam fuhren sie nach Brüssel und fanden dort schließlich auch eine passende Wohnung. Und trotz der Bedenken ihrer Mutter, sie wolle Antwerpen nicht verlassen, hier gebe es Menschen im Haus, die sie kenne, in Brüssel wären sie völlig allein, beantragte Mala eine Meldebescheinigung.

Doch zu dem geplanten Umzug kam es nicht mehr. Bei einer Razzia am Zentralbahnhof in Antwerpen wurde sie am 22. Juli 1942 verhaftet. Zusammen mit anderen Frauen ging es zuerst ins Fort Breendonk*.

EDEK

Wie kann ich überleben?

Die Zeit der Quarantäne dauerte mehr als zwei Wochen. Täglich wurden die Häftlinge auf den Platz vor dem Gebäude getrieben und mussten dort unter dem Gebrüll und den Prügeln der Kapos ihre »sportlichen« Übungen machen.

Wenn sie hüpfen sollten, mussten sie wie Frösche über den Platz springen, wenn »rollen« angesagt war, scheuchten die Kapos sie auf die besonders staubigen Flächen, wo sie sich wälzen mussten. Kniebeugen mussten sie entweder ganz schnell absolvieren oder der Kapo zählte langsam bis fünf für die Abwärtsbewegung und genauso langsam bis fünf, um sich wieder aufzurichten. Das Klettern auf die Bäume sowie das Singen deutscher Volkslieder gehörten ebenso zum täglichen Programm wie das endlose Strammstehen während der Appelle. Es verging fast keine Minute, in der die Kapos nicht auf Häftlinge einschlugen.

Die Sonne brannte ihnen auf ihre kahl geschorenen Köpfe. Durst quälte sie. Manchmal wurden sie mit Wasser übergossen. Es war aber strengstens verboten, auch nur einen Tropfen mit der Zunge oder den Lippen aufzufangen.

Edek beobachtete aus dem Augenwinkel, wie es der Mann neben ihm trotzdem versuchte. Er war schon sehr geschwächt und hatte blutige Striemen am Hinterkopf. Ein Kapo erwischte ihn, wie er gerade mit seiner Zunge einen Wassertropfen aufnahm, und schlug auf ihn ein. Doch der Mann war nicht der Einzige, der Prügel bezog. Sehen konnte es Edek nicht, aber er hörte, wie ständig die Schlagstöcke auf die Körper anderer Häftlinge niedergingen.

Edek war die ganze Zeit bemüht, seine verbliebenen Kräfte einzuteilen und den Anweisungen der Kapos so zu folgen, dass er nicht auffiel.

Nach zwei Wochen war die Schinderei endlich vorbei. Nun sollten sie in den Arbeitskommandos eingesetzt werden. In dieser Zeit freundete sich Edek mit einem anderen Häftling an, der auch aus seiner Heimatstadt Jaroslaw stammte, aber eindeutig älter war: Wieslaw Kielar*. Abends waren die beiden Männer froh, wenigstens ein bekanntes Gesicht in der Unterkunft zu sehen.

Edek arbeitete in der ersten Zeit in verschiedenen Kommandos, ehe er irgendwann als Mechaniker der Schlosserei zugewiesen wurde. Das verdankte er nicht zuletzt seiner guten Arbeit, von der auch seine SS-Vorgesetzten überzeugt waren. Er konnte sein Glück kaum fassen, denn schnell stellte sich heraus, dass in der Schlosserei nicht nur Häftlinge arbeiteten, sondern auch Zivilarbeiter, die dort die Vorgesetzten bildeten. Es waren Männer, die jeden Tag von zu Hause ins Lager kamen, um beim Auf- und Ausbau mitzuhelfen. Anfangs konnte Edek nicht einschätzen, wie er sich den Männern gegenüber verhalten sollte. Würden sie es der Lagerleitung melden, wenn er ihnen Fragen stellte, seine Neugierde nach dem Leben außerhalb des Lagers befriedigen wollte? Oder wenn er sich nach dem Kriegsverlauf erkundigte?

Die Schlosserei, der er zugeteilt wurde, hatte einen entscheidenden Vorteil: Es wurde dort nur ganz, ganz selten gebrüllt und auch nicht geschlagen.

Edek konzentrierte sich auf seine Aufgaben. Bisher hatte er noch nie als Mechaniker gearbeitet, aber er lernte schnell und ließ sich die Arbeitsvorgänge erklären, wenn etwas Neues auf ihn zukam. Es war ja der Beruf, den er mal vor dem Krieg hatte lernen wollen.

Edek war jung, er wollte dieses Lager überleben. Dafür brauchte er eine Strategie. Wen und was muss ich meiden, und woran muss ich festhalten, wenn ich überleben will? Über diesen Satz dachte er oft nach. Es war nicht einfach, in dem Willkürsystem der Nazis seinem Grundsatz immer zu folgen. Doch schon bald hatte er eine Sache herausgefunden: Er musste versuchen, sich unsichtbar zu machen, bei den Appellen nicht am äußeren Rand zu stehen, sondern irgendwo in der Mitte. Beim Arbeiten versuchte er so ambitioniert und selbstständig wie möglich zu sein, niemand sollte ihn antreiben müssen. Ganz wichtig war dabei für ihn Wieslaw Kielar, mit dem er sich abends unterhalten konnte. Eine Freundschaft bedeutete im Lager sehr viel, durch ihre Freundschaft hielten sich die zwei gegenseitig am Leben. Das spürte Edek. Der tägliche Hunger, die Prügel, die Toten, die er jeden Tag sah, ließen nicht nur ihn, sondern auch die meisten anderen Häftlinge verzweifeln. Oft gingen welche in den Draht*, weil sie das Leben nicht mehr aushielten. Da war es gut, einen Freund zu haben, mit dem man reden konnte.

Edek hatte sich schnell an den Alltagsrhythmus im Lager gewöhnt. Morgens wurden sie früh geweckt und zur Toilette geführt, anschließend mussten sie den Strohsack mit der Decke ordentlich herrichten. Entdeckte der Blockälteste* noch eine Falte, folgte die Prügelstrafe auf dem Prügelbock*. Nach dem Bettenmachen gab es den Lagerkaffee, der nur wie Kaffee aussah, aber nicht so schmeckte. Es war eine dunkelbraune lauwarme Brühe. Dann mussten sie zum Morgenappell* antreten, durchzählen, ob alle da waren. Selbst die Männer, die in der Nacht gestorben waren, wurden nach draußen getragen und mitgezählt.

Dann endlich begann für Edek die Arbeit in der Schlosserei. Sowohl die Kapos als auch die Zivilarbeiter waren mit Edeks Arbeit sehr zufrieden. Er nickte und lächelte, wenn er von seinen Vorgesetzten gelobt wurde. Weil er so zuverlässig war, wurde er öfter mal in den Außendienst geschickt. Dann durfte er in die verschiedenen Häftlingsblöcke, um dort etwas zu installieren oder zu reparieren. Schließlich durfte er sogar das Stammlager verlassen und ins Außenlager Birkenau, dies allerdings nur in Begleitung von SS-Männern.

Wenn er im Stammlager unterwegs war, ging er stets aufrecht, mit seinem Werkzeugkoffer in der Hand, die Lagerstraße entlang. Manchmal beobachtete er, wie selbst SS-Frauen ihn, den groß gewachsenen und gut aussehenden jungen Mann, anerkennend von oben bis unten musterten, was allen Nazi-Regeln widersprach. Edek gefiel das und er musste schmunzeln. Aber auch Häftlinge schauten ihm bewundernd nach. Wenn er ihnen zunickte, fassten sie neuen Mut. Der war notwendig, um durchzuhalten.

Es waren aber nicht nur diese halbwegs angenehmen Dinge, die er im Lager registrierte. Hunger, Krankheiten, Gewalt und Tod waren an jeder Ecke gegenwärtig. Edek schaffte es nicht, die Zustände einfach zu ignorieren. Wenn er unterwegs war und Schüsse hörte, wusste er, dass wieder Menschen an der Todeswand* ermordet wurden. Menschen, die man nur wenige Minuten zuvor in einem Schnellverfahren verurteilt hatte, wie er erfuhr. Es wurde die Anklage verlesen und dann, ohne die Möglichkeit einer Verteidigung, sofort das Todesurteil verkündet. Der Gefangene wurde aus dem Raum geführt, in einem Nebenraum musste er sich ausziehen, und schließlich führten ihn SS-Männer auf den Hof zwischen den Blöcken zehn und elf, stellten ihn vor die schwarze Wand, und Sekunden später fielen die tödlichen Schüsse.

Aber auch das Geschrei der Kapos und ihre Brutalität waren für Edek unerträglich. Warum taten die Männer das? Was ging in ihnen vor?

Abends konnte er mit Wieslaw Kielar über solche Fragen reden. Abschließende Antworten fanden sie natürlich nicht, nicht einmal passende Worte für das, was sie tagtäglich umgab. Sie sahen hungernde Menschen. Sie sahen sterbende Menschen. Sie sahen die täglichen Toten. Und gleichzeitig sahen sie die SS-Männer, die Befehle brüllten, Schießkommandos gaben, festlegten, wer sterben sollte, welche Experimente an welchen Menschen durchgeführt werden sollten. Und diese Männer gingen, manchmal mit strengem Blick, oft aber lachend durch die Straßen des Lagers. Edek und Wieslaw hatten auch mitbekommen, dass die SS-Leute abends oft rauschende Feste feierten, mit großen Buffets und jeder Menge Alkohol. Die Ehefrauen oder Geliebten der Männer waren selbstverständlich mit dabei.

Von seinem Freund erfuhr er, womit Wieslaw täglich konfrontiert war. Der musste in verschiedenen Kommandos arbeiten. Einmal hatte er sogar die Gelegenheit gehabt, in einer Tischlerei außerhalb des Lagers unterzukommen. Von den Zivilarbeitern war er dort mit zusätzlichen Lebensmitteln versorgt worden, meist mit einer dicken Scheibe Brot und einem Stück durchwachsenem Speck.

Eines Tages hatte ihn ein Mithäftling, ein Priester, gebeten, für ihn Geld ins Lager zu schmuggeln. Häftlinge, die außerhalb des Lagers Verwandte hatten, durften sich von ihnen Geld schicken lassen, um sich im Lagerkiosk etwas kaufen zu können. Der Priester hatte keine Angehörigen, gehörte aber einem Orden an. Er bereitete einen Kassiber* vor, den Wieslaw in seinen Jackensaum steckte und heimlich in der Tischlerei übergab. Tatsächlich kam zwei Tage später das Geld. Doch bevor er es seinem Mithäftling geben konnte, wurde er erwischt. Noch am selben Tag erfolgte die Prügelstrafe, und weil er nicht preisgab, in wessen Auftrag er handelte, wurde er einen Tag später nochmals bestraft. Am Dachbalken eines Gebäudes war ein Haken angebracht, an dem ein Strick hing. Wieslaw hatte sich auf einen Hocker stellen müssen, dann waren ihm die Hände auf dem Rücken zusammengebunden und mit dem Strick verknotet worden. Wieder wurde ihm die Frage gestellt, in wessen Auftrag er gehandelt habe. Weil er nicht sofort antwortete, wurde der Hocker noch im selben Moment unter seinen Beinen weggestoßen. Wieslaw hatte höllische Schmerzen gespürt, laut aufgeschrien und am Ende den Namen des Priesters genannt.

Er war jemand, der oft bestraft wurde. Einmal sollten sie in einer Werkstatt Bretter sortieren. Fünf Häftlingen hatte man diese Arbeit übertragen. Weil sie bald damit fertig waren, setzten sie sich in eine Ecke und ruhten ein bisschen aus. Der SS-Mann Gerhard Palitzsch erwischte sie und alle fünf wurden zu Schlägen aufs Hinterteil verurteilt. Laut sollten sie jeden Schlag mitzählen. Wieslaw war der Erste in der Reihe, der die Schläge bekommen sollte. Weil er sich zwischendurch verzählte, sollte er sich hinten in der Reihe neu anstellen. Als er dagegen protestierte, er habe doch schon seine Schläge bekommen, schlug Palitzsch diesmal noch fester und öfter zu.

An manchen Abenden mit Edek redete sich Wieslaw in Rage. Sie mussten aufpassen, dass der Blockälteste nichts mitbekam. Aber es war wichtig für ihn, seinem Freund alles erzählen zu können. Manchmal hatte er das Gefühl, an der täglichen Gewalt zu ersticken.

Oft fragten sie sich, ob Menschen außerhalb des Lagers wussten, was sich innerhalb der Umzäunung tatsächlich abspielte. Den Rauch aus dem Kamin des Krematoriums nahmen die Leute aus den umliegenden Orten sicher wahr, aber konnten sie sich vorstellen, dass hier Menschen verbrannt wurden? Und was war mit den Regierungen in den noch nicht von Deutschland besetzten Ländern? Oder auch mit der Bevölkerung in Deutschland? Wussten die Leute alle nichts von den Verbrechen in den KZs oder verschlossen sie einfach ihre Augen? Edek und Wieslaw rätselten darüber, wie man die Menschen außerhalb des Lagers über die Zustände informieren könnte.

Was war mit den Zivilarbeitern, die täglich im Lager ihren Dienst taten? Erzählten sie zu Hause oder in der Nachbarschaft, im Freundeskreis oder in Vereinen nichts von dem, was hier passierte? Hatten sie Angst, ihre Arbeit zu verlieren?

»Wie können wir die Öffentlichkeit über die Verbrechen im Lager informieren?« Diese Frage ging Edek und Wieslaw wieder und wieder durch den Kopf. Aber sie fanden keine Antwort.

Fast zwei Jahre arbeitete Edek schon in der Schlosserei, als er eines Tages einen neuen Vorgesetzten bekam. Wieslaw war zu diesem Zeitpunkt bereits in das Außenlager Birkenau abkommandiert worden, wo er im Krankenbau für die Pflege von Häftlingen zuständig war.

Mit dem SS-Rottenführer* Eduard Lubusch* verbesserte sich das Arbeitsklima in der Werkstatt. Lubusch konnte nur unwesentlich älter sein als er selbst, schätzte Edek. In den ersten Tagen zeigte der Neue sich von seiner strengen Seite, doch schon bald wurde er sehr umgänglich. Eduard Lubusch erkannte die Situation der Häftlinge

Edek Galinski, Bild rechts in der Schlosserei, in der Mitte Rottenführer Eduard Lubusch

und versuchte, ihnen im Rahmen seiner Möglichkeiten zu helfen. Natürlich durfte er keine Medikamente für die Kranken aus seinem Kommando ins Lager schmuggeln, doch er tat es trotzdem. Er durfte auch keine zusätzlichen Lebensmittelrationen von zu Hause mitbringen, doch er machte es. Manchmal brachte er sogar einige Flaschen Wodka mit, die die Häftlinge abends in ihrer Unterkunft heimlich tranken. Viele Häftlinge hatten Eduard Lubusch ihr Überleben zu verdanken.

Der Rottenführer war ein gutmütiger Vorgesetzter, der die Häftlinge nicht schlug; er sprach gut Deutsch, und einmal, als eine Beförderung anstand, lehnte er ab.

»Ich habe kein Interesse an einem Aufstieg«, begründete er seine Entscheidung. »Ich möchte einfach nur hier meine Arbeit tun.«

Edek und Wieslaw sahen sich meist dann, wenn Edek für Reparaturen an Wasserleitungen oder für Installationen in Birkenau gebraucht wurde. Dann versuchten sie, sich wenigstens kurz zu treffen. Weil Edek Kontakte zu Zivilisten hatte, konnte er gelegentlich für seinen Freund Schnaps besorgen. Das notwendige Geld dafür beschaffte er sich über eine Kontaktperson aus dem Kanada-Lager*.

Manchmal spannen die beiden Freunde Ideen, wie sie die Außenwelt über die Zustände im Lager informieren könnten. Das Schlimmste war, dass sie nicht absehen konnten, wie lange das Martyrium im KZ noch dauern würde. Den beiden ging es nicht nur um die eigene Person, sondern auch um die vielen Mithäftlinge, die unter Hunger, Durst und ständigen Schlägen schuften mussten und nach wenigen Wochen entkräftet starben.

»Meinst du, wir sollten mal über eine Flucht nachdenken?«, fragte Edek seinen Freund irgendwann, als sie sich wieder kurz trafen, bevor Edek ins Stammlager zurückmusste.

Plötzlich stand das Wort im Raum, das Wort, das auch Wieslaw schon oft durch den Kopf gegangen war.

»Wie wäre es, wenn du ganz hierher nach Birkenau kommen würdest«, schlug Wieslaw seinem Freund vor. »Immer mehr Häftlinge kommen hier an und die Sanitäranlagen müssen dringend erweitert werden. Arbeit gibt es hier mehr als genug! Dann hätten wir mehr Zeit, Pläne zu schmieden, was auch immer dabei herauskommen mag.«

MALA

Von Mechelen nach Auschwitz

Es war eine Gruppe von 160 Frauen, die am 22. Juli 1942 in Antwerpen verhaftet und von SS-Leuten auf offenen Lastwagen zum Fort Breendonk transportiert wurde. Unter den Frauen war auch Mala Zimetbaum. Bei ihrer Ankunft im Fort nahm man ihnen die Papiere ab und führte sie in Säle, die offensichtlich zum Schlafen dienten. Ringsum standen jede Menge dreistöckige Betten, an einer Wand gab es einen großen Kübel, der zur Verrichtung der Notdurft vorgesehen war.

In dem Saal, in den Mala mit vielen anderen Frauen gepfercht wurde, roch es schon bald streng nach Urin. Einzig in der Nähe des Fensters war die Luft noch halbwegs erträglich.

Die Frauen hatten Hunger und Durst. Wann hatten sie zuletzt etwas zu sich genommen? Sie waren ja einfach von der Straße weg verhaftet und hergebracht worden. Doch am ersten Tag ihrer Haft bekamen sie nur ein Stück Brot und etwas Wasser. Das Mittagessen an den kommenden Tagen war auch nicht besonders nahrhaft. Eine Kelle wässriger Suppe, in der ein paar Kräuter schwammen, wurde ihnen in ihre Essnäpfe geschöpft. Abends gab es nur Wasser.

Weil sie willkürlich auf offener Straße verhaftet und abtransportiert worden waren, hatten die Frauen keine Möglichkeit gehabt, ihre Familien und Freunde zu verständigen.

»Sie wissen nicht, wo wir sind, wie es uns geht und ob wir überhaupt noch leben!«, klagte eine Frau, die neben Mala auf einem Bett saß und verzweifelt den Kopf schüttelte.

Mala wusste auch keinen Rat. Noch nicht. Vielleicht gab es ja irgendwelche Möglichkeiten, Angehörige zu benachrichtigen. Sie musste nachdenken, wollte auf keinen Fall gleich aufgeben.

Mit ihrer Sitznachbarin sprach sie über ihre Gedanken, versuchte, sie ein wenig zu beruhigen. Die Frau nickte stumm.

Viel Zeit zum Nachdenken hatte Mala allerdings nicht. SS-Männer betraten den Raum und fragten in die Runde, wer Kenntnisse in Maschinenschreiben besaß.

Mala und einige weitere Frauen meldeten sich. Sie mussten ihren Namen nennen, den sich einer der SS-Männer auf einem Block notierte.

Am nächsten Tag wurden die Frauen abgeholt und in die Kaserne Dossin nach Mechelen gebracht. In einem großen Raum standen an einer Längsseite Tische mit Stühlen dahinter. Auf einigen Tischen lagen stapelweise Listen, auf anderen Karteikarten. Jeder Tisch war außerdem mit einer Schreibmaschine versehen. In knappen Sätzen wurde den Frauen, die sich als schreibmaschinenkundig gemeldet hatten, erklärt, was sie zu tun hatten.

Nacheinander führten die SS-Leute Gruppen von Männern in den Raum, die registriert werden sollten. Für jeden gab es eine Karteikarte und zusätzlich wurde er auf einer Liste eingetragen.

Die Schlange der Männer schien kein Ende zu nehmen. Stunde um Stunde arbeiteten die Frauen, schrieben Name, Beruf, Alter und Adresse auf. Wochenlang waren sie mit der Registrierung beschäftigt. Mala hätte gerne den einen oder anderen angesprochen, ihn nach möglichen gemeinsamen Bekannten gefragt, doch es war ausdrücklich untersagt, mit den Männern zu reden. SS-Aufseherinnen hatten den Raum fest im Blick.

Mala bekam schon bald eine zusätzliche Aufgabe, die sie außerhalb des Saales erledigen sollte. Wenn sie unterwegs war, um für die SS-Bediensteten Nachrichten zu überbringen, dachte sie immer an die Kolleginnen, die diese Freiheit nicht hatten, und versuchte, Dinge zu organisieren, die dringend gebraucht wurden. Seife zum Beispiel war etwas, das alle extrem vermissten. Nicht nur für die eigene Körperpflege, sondern auch, um die schmutzigen und verschwitzten Kleidungsstücke zu waschen.

Mala gelang es mehrfach, kleine Seifenstücke zu organisieren. Die Frauen wunderten sich, doch Mala gab ihre Quelle nicht preis.

Einmal begegnete sie einem jungen Mann namens Louis, der tagsüber in der Kaserne arbeitete und offenbar abends nach Hause ging. Sie nahm Kontakt zu ihm auf, versuchte herauszufinden, ob er vertrauenswürdig war, und fragte ihn schließlich nach der Situation der jüdischen Bürger in der Stadt. Louis antwortete ihr mit besorgter Miene.

Mala musste einfach riskieren, über diesen Mann Kontakt nach außen zu bekommen. Sie schrieb eine kurze Nachricht an ihre Eltern. *Ich bin in Mechelen im Lager Dossin*. Dort bin ich als Schreibkraft eingesetzt. Mir geht es gut. Mala*

Mehr nicht. Der Text war unverfänglich, beschrieb nichts über den Zustand im Lager. Sie faltete den Zettel zusammen, steckte ihn in eine kleine Schachtel und übergab dem jungen Mann ihre Nachricht.

»Kannst du das meinen Eltern bringen?«, bat sie ihn und gab ihm noch die Adresse.

Louis sah sie verblüfft an, dann nickte er.

Louis war zuverlässig, das hatte sich bald herausgestellt. Damit war ein gangbarer Weg für weitere Nachrichten geschaffen. Frauen übergaben Mala kleine Zettel, die Louis zu Malas Eltern brachte, von wo aus sie über weitere Boten an die eigentlichen Empfänger gelangten. Außer Nachrichten war es auch Schmuck, den die Frauen an die SS hätten abgeben müssen. So gelangten Ringe, Halsketten, Broschen, Armreife und Ohrringe zu den Familien oder Freunden der Inhaftierten.

In der Registratur gab es weiter viel Arbeit. Es waren nun nicht mehr nur Männer, die erfasst wurden, sondern auch zunehmend Frauen und Kinder. Selbst ältere Menschen mussten sich einreihen und ihre Daten nennen.

Eines Tages standen auch Malas Neffen Max und Bernard in der Reihe. Mala weigerte sich, die beiden auf die Liste zu schreiben. Sie waren noch klein, fünf und sieben Jahre alt, und standen ohne ihre Eltern da.

Mala sprach eine Deutsche an, die zum Personal gehörte, und teilte ihr unmissverständlich mit, dass ein Irrtum vorliege. Sie kenne die beiden Jungen. Und sie bat die Frau, die Kinder nach Hause zu bringen. Es war ein großes Risiko, als Jüdin eine Deutsche um einen Gefallen zu bitten, doch sie riskierte es. Die Deutsche schien ein Einsehen zu haben. Einen Tag später waren die beiden Jungen wieder bei ihrer Mutter.

Mala fand bald heraus, was mit den Menschen geschah, die erfasst wurden. Sie alle waren für die Deportation ins KZ nach Auschwitz vorgesehen.

Was kann ich für diese Menschen tun? Wen und wie viele von ihnen kann ich davor bewahren, mit einem der nächsten Transporte nach Auschwitz gebracht zu werden? Die Fragen kreisten in ihrem Kopf.

Wenn Mala Kinder auf der Transportliste entdeckte, strich sie die Namen einfach durch. Sie sollten noch bleiben können, hier waren wenigstens noch ein paar bekannte Menschen, die sich um sie kümmern konnten. Was in Auschwitz auf sie zukommen würde, ahnte sie nicht.

Mala wollte auf jeden Fall vermeiden, dass auch *ihr* Name irgendwann auf der Transportliste landete. Zwar wurde sie im Fort Breendonk noch weiter gebraucht, doch das war keine Garantie. Oft genug hatte sie mitbekommen, dass auch Schreibkräfte auf den Transport geschickt wurden.

Mala musste sich einen Plan überlegen, um das zu verhindern. Weil der Kurier immer noch sehr zuverlässig arbeitete, bat sie ihn eines Tages, eine Nachricht an Charles, ihren Verlobten, zu überbringen.

Auf einen Zettel, den sie wieder zusammengefaltet in einer Schachtel versteckte, schrieb sie: *Ich habe starke Zahnschmerzen vorgetäuscht. Eine Erlaubnis, mich außerhalb der Kaserne behandeln zu lassen, habe ich schon. Ein SS-Mann wird mich begleiten. Du kannst bei meinem Zahnarzt auf mich warten. Von dort müssen wir irgendwie gemeinsam fliehen. Mala*

Doch es kam weder zu der vorgetäuschten Zahnbehandlung noch zur gemeinsamen Flucht, die sie für den 15. September 1942 geplant hatten.

Denn an diesem Tag ging ein Gefangenentransport von Mechelen nach Auschwitz. 1048 Namen standen auf der Liste. Einer davon war der von Mala Zimetbaum.

Zwei Tage war der Zug unterwegs. Männer, Frauen, alte Menschen, Kranke und Kinder saßen entweder auf Bänken oder auf den wenigen Matratzen, die am Boden lagen. Zusätzlich gab es noch Stroh, das von den Kindern genutzt wurde. Zwei Kübel standen in jedem Waggon, einer mit Trinkwasser, ein zweiter für die Notdurft. Die Menschen konnten sich kaum bewegen, der Weg zu einem der Kübel glich einem Hindernislauf. Besonders die älteren Frauen schämten sich, den Notdurft-Kübel zu benutzen. Abhilfe schaffte ein Mann, der einen Mantel dabeihatte und ihn hochhielt, um die Blicke der Mitreisenden abzufangen.

Nach zwei Tagen kam der Transport am Güterbahnhof

in Auschwitz an. Die Türen der Waggons wurden aufgerissen, draußen standen SS-Männer mit Gewehren im Anschlag. Alle mussten aussteigen.

»Los! Los! Schneller, ihr Schweine!«, wurden sie angebrüllt. »Alle raus! Männer auf die eine Seite, Frauen auf die andere! Und dann in Fünferreihen aufstellen! Los! Los! Schneller!«

Zwei Ärzte teilten die Menschen mit einem kurzen Blick in zwei Gruppen ein: arbeitsfähige und nicht arbeitsfähige. Kinder, Mütter mit Kindern, Alte und Kranke wurden als nicht arbeitsfähig eingestuft. In dieser Gruppe landeten die meisten – insgesamt 717 Personen.

»Da drüben stehen Fahrzeuge bereit, die euch in die Unterkunft bringen!« Mit ängstlichen Gesichtern machten sich die Menschen auf den Weg zu den am Straßenrand stehenden Lastwagen. Vieles mögen sie sich vorgestellt haben, doch dass sie den Abend nicht mehr erleben würden, ganz sicher nicht.

Von den mehr als tausend Menschen aus dem Transport wurden lediglich rund dreihundert Männer und Frauen als arbeitsfähig klassifiziert und ins Lager Auschwitz-Birkenau eingewiesen. Eine von ihnen war Mala Zimetbaum.

Alle persönlichen Gegenstände, die sie mitgebracht hatten, mussten sie abgeben.

Nach Geschlecht getrennt wurden sie in die Sauna* geführt. Dort wurde ihnen befohlen, sich zu entkleiden. Viele Frauen zögerten, wollten sich vor fremden Menschen nicht nackt ausziehen. Doch eine junge SS-Aufseherin nahm ihren Schlagstock, um den Befehl unmissverständlich durchzusetzen.

»Macht das, was euch befohlen wird«, raunte ihnen eine Gefangene zu, die hinter einem Tisch saß und die Kleidungsstücke entgegennahm. »Die machen ernst, scheuen auch nicht davor zurück, jemanden totzuschlagen.«

Nur widerwillig zogen die Frauen sich aus. Schritt für Schritt gingen sie auf den nächsten Raum zu. Frauen mit Rasiermessern erwarteten sie hier und entfernten ihnen sämtliche Kopf- und Körperhaare. Weil die Rasiermesser oft stumpf und die Rasierenden nicht zimperlich waren, kam es immer wieder zu Schnittwunden.

Im nächsten Raum wurden sie desinfiziert, einen Raum weiter registriert, mit Häftlingskleidung eingekleidet und schließlich tätowiert.

Mala hatte Glück. Weil alle Anweisungen in deutscher Sprache gegeben wurden, die meisten aber nicht verstanden, was ihnen befohlen wurde, übersetzte sie die Anordnungen. Eine der SS-Aufseherinnen bekam das mit und fragte Mala, welche Sprachen sie sonst noch könne.

Mala zählte alle auf, die sie ganz gut beherrschte. Französisch, Englisch, Flämisch, Niederländisch, Deutsch und Polnisch.

»Du wirst für mich arbeiten!«, entschied die Aufseherin. »Deine Haare wirst du behalten und du bekommst auch andere Kleidung. Aber eine Nummer wird dir trotzdem eintätowiert, so wie allen anderen auch!«

Aus Mala Zimetbaum wurde so die Häftlingsfrau mit der Nummer 19 880.

EDEK

Arbeiten in Birkenau

Immer mehr Häftlingstransporte erreichten das Lager Auschwitz-Birkenau. Die Schornsteine der Krematorien qualmten Tag und Nacht und verbreiteten, nicht nur unmittelbar über dem Lager, sondern auch in weitem Umkreis einen unbekannten Gestank. Tausende Menschen wurden täglich ermordet, nur ein kleiner Teil aus jedem Transport als arbeitsfähig registriert. Ihnen wurde ihre Identität genommen, ihr Name durch eine Nummer ersetzt.

Alle Arbeitsfähigen mussten in den bereits vorhandenen Baracken untergebracht werden. Weil nach kurzer Zeit der Platz nicht mehr reichte, wurden schnell neue Baracken errichtet. Es waren ehemalige Pferdeställe, die man aus Deutschland importierte. Sie genügten nach den Vorstellungen der Lagerleitung den Anforderungen für die Unterbringung der Gefangenen. Die Ställe waren in Deutschland für fünfunddreißig Pferde gebaut worden, die Ringe, an denen man sie festband, waren noch in den Balken verschraubt.

Im Außenlager Birkenau sollten mehr als siebenhundert Menschen in den ehemaligen Ställen einen Schlafplatz finden. Dreistöckige Betten wurden gezimmert, jede Ebene gedacht für vier Personen. Außerdem mussten die sanitären Anlagen erweitert werden.

Edek und ein paar seiner Kollegen aus der Schlosserei wurden fast täglich vom Stammlager Auschwitz in die Außenstelle nach Birkenau gebracht, um die dort notwendigen Arbeiten zu erledigen. Sie trugen nicht wie die anderen KZ-Insassen gestreifte Häftlingsanzüge, sondern hatten Monteurhosen und entsprechende Jacken an, die robuster waren und die Männer von den anderen Häftlingen unterschieden. Die Arbeit in Birkenau ermöglichte ihnen den Zugang zu allen Lagerabschnitten, weil es überall etwas zu installieren und zu reparieren gab.

Edek war meist gut gelaunt und hatte fast immer ein Lächeln auf den Lippen. Mithäftlinge, die ihn so sahen, bewunderten ihn.

»Wenn er hier auftaucht, hat er immer ein Stück Hoffnung in seinem Gepäck«, sagte eine Gefangene zu ihrer Nachbarin, als sie Edek entdeckte. »Woher nimmt dieser Junge die Kraft?«

»Er ist kein Junge, er ist ein gut aussehender junger Mann!«, hielt ihr die Nachbarin entgegen. »Und außerdem ist er hier im Frauenblock, da will er natürlich einen guten Eindruck machen.«

»Schau dich doch mal um, wie wir alle aussehen! Kahl geschoren, abgemagert bis auf die Knochen, das ist kein Blickfang für einen jungen Mann, der so gut aussieht!«

»Aber er macht Hoffnung, dass alles besser wird, das ist hier schon viel, mehr als wir erwarten können.«

Im Frauenblock fiel sie ihm zum ersten Mal auf. Wie oft war er wohl schon hier gewesen, ohne sie zu bemerken? Edek wusste es nicht. Oder war sie neu? Seit wann war sie hier in Birkenau?

Auf jeden Fall war sie anders als die Übrigen im Frauenblock. Im Gegensatz zu ihnen hatte sie noch ihre Haare. Sie trug auch nicht die übliche Gefangenenkleidung wie die anderen Frauen, denen man ein Kleid aus grobem Leinenstoff, ein Kopftuch und Holzpantinen zum Anziehen gegeben hatte. Sie trug ein Frauenkleid, das man ihr aus dem Kanada-Lager besorgt hatte. Es stand ihr gut und Edek fand sie sehr hübsch. Wann hatte er zuletzt eine Frau mit Haaren und in Zivilkleidung gesehen? Er dachte nach. Es musste vor seiner Verhaftung gewesen sein und die lag nun schon gut zwei Jahre zurück.

Edek wollte die Frau nicht anstarren, tat es aber trotzdem. Er konnte seinen Blick einfach nicht von ihr lassen. Die Art, wie sie sich bewegte, sich einer Häftlingsfrau zuwandte, die neben ihr saß, rührte ihn an. Gerne wäre er auf sie zugegangen, hätte sie etwas gefragt, mit ihr geredet. Doch er traute sich nicht.

Edek musste sich zwingen, weiter seine Arbeit zu machen. Mit seinen Gedanken war er nur noch bei dieser Frau.

Was Edek allerdings nicht bemerkte: Auch sie schaute lange in seine Richtung, nachdem er sich von ihr abgewandt und seine Arbeit wieder aufgenommen hatte. Es war kein Blick, wie sie ihn den Frauen schenkte, die mit ihr in Auschwitz gefangen waren. Etwas Erwartungsvolles lag in ihren Augen.

Edek erkundigte sich bei Mithäftlingen nach ihr. Er wollte sich nicht nur ihr Gesicht einprägen, sondern auch ihren Namen und ihre Geschichte, falls irgendetwas darüber unter den Frauen bekannt war.

Die ersten, die er fragte, konnten ihm schon viel über sie erzählen.

»Was? Du kennst sie nicht?« Verwundert schauten ihn einige der Frauen an, die er in der Baracke antraf.

»Das ist Mala, Mala Zimetbaum«, sagte Helen. Edek kannte Helen, hatte sie schon öfter gesehen und auch das eine oder andere Wort mit ihr gewechselt.

»Ist sie schon lange hier?«, hakte Edek nach.

»Was heißt schon lange«, meinte Helen, »sie ist hier einfach nicht mehr wegzudenken!«

»Sie ist der Engel hier im Frauenlager«, fuhr eine andere fort. »Mala ist Dolmetscherin und sie ist Läuferin* für die Drechsel. Die Margot Drechsel* ist eine furchtbare SS-Frau. Sie schlägt, sie lässt uns splitternackt zum Appell antreten und führt hier weiter Selektionen durch! Hier, bei uns! Das muss man sich vorstellen! Wir können alle noch arbeiten, und sie sucht Frauen raus, die ins Gas gehen sollen!« Der Hass über die SS-Aufseherin stand ihr förmlich ins Gesicht geschrieben. Edek kannte die Drechsel nur vom Sehen.

»Die Mala ist auf Zack«, fuhr Helen fort. »Die hat schon so manch einer von uns das Leben gerettet. Mal besorgt sie Medikamente, mal versucht sie, geschwächten Frauen eine leichtere Arbeit zu beschaffen, und wenn im Krankenblock Selektionen anstehen, hat sie die Leute schon vorher da rausgeholt und so vor dem sicheren Tod bewahrt.«

Sie machte eine kurze Pause.

»Ja, das ist Mala, unsere Mala. Sie ist anders als die anderen Läuferinnen. Die sind hochnäsig, weil sie eine bessere Position haben, vergessen aber, wo sie herkommen. Mala ist weiter eine von uns.«

»Weißt du, *wo* sie herkommt?«, wollte Edek wissen. Je mehr er über Mala erfuhr, desto interessanter wurde sie für ihn.

Die meisten Jahre ihres Lebens habe sie in Belgien gelebt, sei aber eine gebürtige Polin.

Abends lag Edek jetzt lange wach und rief sich Mala ins Gedächtnis. Es fühlte sich gut an, an sie zu denken. Wie wenn er nicht mehr allein wäre.

Tag für Tag musste Edek inzwischen nach Birkenau und immer hielt er Ausschau nach Mala. An manchen Tagen sah er sie überhaupt nicht, an anderen nur aus der Ferne.

»Jetzt müsste ich mit meinem Arbeitskommando hier in Birkenau stationiert sein«, murmelte er vor sich hin, »dann hätte ich mehr Möglichkeiten, sie zu treffen und kennenzulernen.« Dass es tatsächlich so kommen würde, ahnte er da noch nicht.

Vorher kam noch ein kalter Wintertag, der seine Gefühle durcheinanderwirbelte. Edek wurde ins Frauenlager gerufen, um dort im Waschraum Wasserleitungen zu reparieren. Starker Frost hatte die Rohre platzen lassen. Es gab viel zu tun, aber die Arbeit bereitete ihm keine große Mühe. Er hatte inzwischen Erfahrung mit solchen Reparaturen. Als er fertig war, verließ er den Raum. Kalter Ostwind schlug ihm entgegen. In seiner Werkzeugkiste hatte er noch eine Flasche Schnaps. Ein Schluck würde mich jetzt sicher aufwärmen, dachte er. Doch er wollte den Schnaps lieber aufheben und in den nächsten Tagen mit Wieslaw trinken. Durch den Kontakt zu Zivilisten war es leicht für ihn, an Spirituosen zu kommen. Sie kosteten zwar viel, doch das Geld konnte er im Kanada-Lager beschaffen.

Die Dämmerung hatte schon eingesetzt. Kopf und Schultern hatte er eingezogen, um sich vor der Kälte zu schützen. So machte er sich auf den Weg zu der Baracke, wo sich alle Häftlinge aus dem Stammlager sammelten, um wieder zurückgebracht zu werden.

Plötzlich stand sie vor ihm. Er schaute sie an, sie schaute ihn an. Edek wurde auf einmal ganz warm; er glaubte, das Eis unter seinen Füßen müsse schmelzen. Etwas Gütiges lag in Malas Blick.

Edek vergaß alles um sich herum, nichts hatte mehr eine Bedeutung. Trotz der beißenden Kälte fror er nicht mehr.

Es war aber nur ein winziger Augenblick, der den beiden mitten auf der Lagerstraße in Birkenau vergönnt war, bevor sie sich mit einem leichten Kopfnicken wieder verabschieden mussten.

Auf Wiedersehen sollte das Nicken bedeuten. Für Edek war klar: Er wollte sie unbedingt wiedersehen.

»Das war der Anfang von etwas«, platzte es kurz darauf bei Wieslaw aus ihm heraus. Er war schnell noch zu ihm gelaufen, um die Neuigkeit zu berichten, ehe er ins Stammlager zurückmusste.

»Wovon der Anfang?«, wollte Wieslaw wissen.

»Ich hab sie getroffen«, sagte Edek mit sanfter Stimme, »Mala, gerade eben auf der Lagerstraße haben wir plötzlich voreinander gestanden!«

Wieslaw merkte, dass sein Freund in Gedanken weit weg war. »Weißt du«, sagte Edek, »wenn man mich in dem Augenblick unserer Begegnung erschossen hätte, wär ich glücklich gestorben. Mehr kann ich jetzt noch nicht sagen. Allein durch die kurze Begegnung mit Mala sehe ich auf einmal vieles anders. Da sind plötzlich Gefühle in mir, angenehme Gefühle ... Sonst sind wir doch den ganzen Tag über mit Gewalt und Tod konfrontiert. Aber das, was ich eben mit Mala erlebt habe, das hat eine ganz andere Dimension. Das war ...« Er brachte den Satz nicht zu Ende. Die Wörter »Liebe«, »Hoffnung« und »Freiheit« wirbelten ihm durch den Kopf. Für einen Moment fühlte er sich zufrieden. Doch war das, woran er dachte, realistisch an einem Ort, wo Liebe verboten war, wo man Freiheit nur durch den Kamin erreichen konnte und es fast keine Hoffnung gab, das Lager lebend zu verlassen?

Nein, er wollte nicht an die schrecklichen Dinge um ihn herum denken, nicht jetzt. Er wollte Mala wiedersehen, nur das war für ihn wichtig.

Wieslaw hörte seinem Freund zu, freute sich mit ihm.

Edek war so ins Schwärmen geraten, dass er dabei fast die Zeit vergaß. Auf einmal musste er sich beeilen, noch rechtzeitig zum Sammelpunkt zu kommen.

Schon am nächsten Tag hatte Edek wieder einen Auftrag in Birkenau. Irgendetwas war dort immer zu tun, nun sollte er Wasserhähne im Waschraum des Frauenlagers anbringen.

Dort stieß er wieder auf Helen.

»Sag Mala, ich würde sie gerne treffen. Heute Nachmittag. Hinter dem Block 30. Bitte!«

Helen nickte ihm lächelnd zu.

Der Tag zog sich hin. Wie oft hatte Edek schon Wasserhähne installiert? Er wusste es nicht, hatte sie nie gezählt. Es war Routinearbeit für ihn, nichts Besonderes. Kein Problem. Doch an diesem Tag passierten ihm ständig Fehler. Er war nicht bei der Sache, sondern in Gedanken bei Mala. Würde sie seine Nachricht erreichen? Würde sie kommen? Was sollte er ihr sagen, worüber mit ihr reden? Sollte er Wieslaw um Rat bitten? Eine Frage nach der anderen schoss ihm durch den Kopf, doch auf keine fand er eine Antwort. Er war nervös, seine Hände schwitzten. Er wischte sie an den Hosenbeinen ab.

Endlich war es so weit. Mit seiner Arbeit war er nicht fertig geworden, doch was noch anstand, würde er am nächsten Morgen erledigen. Er machte sich auf den Weg. Gut, dass die Dämmerung im Winter schon früh einsetzte, so konnte er unbemerkt zu dem verabredeten Ort kommen. Die Kälte machte ihm nichts aus, er spürte sie gar nicht.

Wird Mala kommen? Oder muss sie arbeiten? Will sie mich überhaupt treffen? Oder ist es ihr zu riskant? Wieder lauter Fragen, die ihm durch den Kopf gingen.

Doch plötzlich stand sie vor ihm. Er hatte sie gar nicht kommen hören, so sehr war er mit seinen Zweifeln beschäftigt gewesen.

»Mala?«, sprach er sie an.

»Edek?«

»Ich freue mich, dich zu sehen«, sagte er. »Ich habe in letzter Zeit viel an dich denken müssen.«

»Du bist mir auch nicht mehr aus dem Sinn gegangen, nachdem ich dich vor ein paar Tagen zum ersten Mal sah.« Sie ging einen Schritt auf ihn zu.

»Ist es nicht zu gefährlich, sich hier zu treffen? Das ist doch die Röntgenbaracke*, oder? Wenn jemand kommt und uns sieht?« Ängstlich blickte Mala sich um.

»Du musst keine Angst haben«, beruhigte sie Edek. »Um diese Zeit kommt hier niemand mehr hin.« Dann machte auch er einen Schritt auf sie zu.

»Ich weiß, dass du zu den alten Häftlingen gehörst«, versuchte Mala mit ihm ins Gespräch zu kommen, doch Edek musste lachen.

»Ja, ich gehe bestimmt schon auf die sechzig zu!«

»Nein, so hab ich das nicht gemeint.« Mala wurde ein bisschen rot.

»Ich weiß, was du meinst«, tröstete sie Edek. »Ja, ich bin mit dem ersten Transport hergekommen, und nach dem, was ich gleich am ersten Tag hier erfahren habe, dürfte ich eigentlich nicht mehr leben.«

»Es ist schön, dass du hier bist und lebst ... ich meine, wenn wir uns nicht an diesem grausamen Ort begegnen müssten, wär es natürlich noch viel schöner ...«

»Lass uns diesem Ort entfliehen«, flüsterte Edek, »wenigstens für eine kurze Zeit.« Jetzt stand er ganz dicht vor ihr.

Mala sah ihn fragend an.

»Seitdem wir uns gestern auf der Lagerstraße begegnet sind, fühle ich mich anders, irgendwie freier. Ich habe etwas in mir entdeckt, was in all den Jahren verschüttet war. Ein angenehmes, ein warmes Gefühl für einen anderen Menschen. Für einen Menschen, zu dem ich mich hingezogen fühle.« Edek wunderte sich über die Worte, die ihm so leicht über die Lippen kamen, doch für ihn stimmten sie.

Mala blickte zu Boden und war ganz verlegen. Waren das, was Edek da sagte, nicht Gedanken und Gefühle, die sie genauso empfand? Gerade hier, an diesem Ort, an dem man einen Menschen brauchte, dem man seine Gefühle zeigen konnte? Nicht nur die Trauer und das Entsetzen, das sie jeden Tag verfolgte, sondern auch die Gefühle, die ganz natürlich sind? Gefühle wie Zuneigung? Wie Liebe?

Edek machte den ersten Schritt. Er trat auf sie zu und nahm sie in den Arm. Er konnte sein Glück kaum fassen. Mala ließ es geschehen und schmiegte sich an ihn. So standen sie da, minutenlang hinter dem Block 30, in dem der Arzt Horst Schumann* seine Versuche zur Massensterilisierung mit Röntgenstrahlen durchführte. Zwei

Menschen, eng umschlungen an diesem kalten und späten Winternachmittag. Mit ihren Körpern wärmten sie sich gegenseitig.

Irgendwann nahm Mala Edeks Kopf in die Hände, schaute ihm in die Augen, ihre Lippen bewegten sich auf seine zu und sie küssten sich.

Für die Dauer des Kusses fühlten sie sich frei, nicht mehr gefangen in diesem Todeslager. Weit weg waren sie, irgendwo, wo Liebe nicht nur erlaubt, sondern gewünscht war.

Mala hatte verstanden, was Edek meinte, als er sagte, sie sollten diesem Ort entfliehen, wenn auch nur für kurze Zeit. Nicht nur Mala, sondern auch Edek spürte das Verlangen, sich noch oft von diesem Ort zu entfernen.

Doch die Zeit holte sie in die Realität zurück.

»Ich denke, du musst zurück ins Stammlager und ich bald zum Appell.« Mala fiel es schwer, das auszusprechen, doch es blieb ihr keine Wahl. Edek nickte, stimmte ihr zu.

»Wann sehen wir uns wieder?«, fragte er, bevor sie auseinandergingen.

»Lass mir einfach eine Nachricht zukommen, wenn du wieder hier bist, dann können wir uns treffen. Pass gut auf dich auf!« Den letzten Satz sagte sie, bevor sie sich von Edek abwandte und ging.

»Ich freu mich, dich wiederzusehen!«, rief Edek ihr noch hinterher.

Mala drehte sich nicht mehr um, hob aber die Hand und winkte.

Ganz leicht, gerade so, als würde er schweben, fühlte er sich, als er sich auf den Weg zum Sammelpunkt machte. Er hatte sie getroffen, sie hatten sich umarmt, sie hatten sich geküsst. Er spürte noch ihre Nähe.

Zwei Tage später kam die Nachricht, die ihn innerlich jubeln ließ. Nicht nur er, sondern mit ihm auch einige andere Männer aus der Werkstatt würden nach Birkenau verlegt werden. Auch Edward Lubusch.

MALA

Läuferin, Dolmetscherin, Liebende

Die Oberaufseherin Maria Mandl* kam ins Frauenlager und ließ alle neuen Häftlinge antreten. Mit kritischem Blick marschierte sie durch die Reihen und musterte jede von oben bis unten. Die Mandl war auf der Suche nach Frauen, die für sie als Dolmetscherin, Läuferin sowie Bürogehilfin arbeiten sollten. Vor allem aber sollten sie die deutsche Sprache beherrschen.

Maria Mandl legte großen Wert darauf, dass die Frauen jung und hübsch waren. Sie wolle sich nicht mit alten und hässlichen Schachteln umgeben, sagte sie einmal, schließlich habe sie ja ständig Kontakt zu ihnen, müsse ihnen Aufträge erteilen, Befehle geben, da wolle sie wenigstens in akzeptable und nicht verhärmte Gesichter schauen.

Ihr Blick blieb an Mala Zimetbaum hängen. Mala fiel ihr natürlich schon deshalb auf, weil sie noch ihre Haare trug. Und die Aufseherin Margot Drechsel hatte sie bereits auf diese besondere Person aufmerksam gemacht und sie ihrer Vorgesetzten empfohlen.

»Die spricht mehrere Sprachen!«, lobte die Drechsler Mala Zimetbaum.

Aber auch noch einige andere Frauen wurden von

Maria Mandl ausgewählt. Das Lager Birkenau wurde ausgebaut, deshalb fiel dort sehr viel Arbeit an.

Die ausgewählten Frauen hatten zunächst mal das große Los unter den Häftlingen gezogen, zumindest galt das so lange, wie sie zufriedenstellend für Maria Mandl und Margot Drechsel arbeiteten. Aus dem Kanada-Lager bekamen sie Zivilkleidung und auch ihre Verpflegung war besser als die der meisten Häftlinge. Außerdem mussten sie nicht bei Wind und Wetter draußen unter der Aufsicht brutaler Kapos arbeiten, die immer wieder mit Knüppeln oder Peitschen zuschlugen.

Maria Mandl war von Malas Fähigkeiten schnell beeindruckt. Obwohl Mala Jüdin war, mochte sie diese Frau, die so viele Sprachen beherrschte. Doch eine Überlebensgarantie bedeutete das nicht, denn das Verhalten der beiden Aufseherinnen war von reiner Willkür bestimmt. Niemand durfte es zum Beispiel wagen, Maria Mandl oder auch Margot Drechsel direkt ins Gesicht zu schauen. Beide verbaten sich das, weil es sich für eine Jüdin gegenüber SS-Frauen nicht ziemte. Ein derartiges »Vergehen« wurde schnell mit dem Tode bestraft.

Mala, wie auch die anderen Frauen, die die Oberaufseherin ausgesucht hatte, wurde zunächst als Läuferin eingesetzt. Sie mussten sich vor der Blockführerstube postieren. Dort erhielten sie ihre Aufträge, Nachrichten an Blockälteste oder Blockschreiber zu überbringen.

Als Läuferin bekam Mala einen tiefen Einblick in die Strukturen des Lagers und in die Not der Häftlinge. Sie konnte und wollte ihre privilegierte Position nicht ausnutzen, so wie es einige ihrer Kolleginnen taten. Mala erkannte die bedrohliche Situation vieler Frauen, denen sie im Lager begegnete.

Öfter brachte sie einer, die schon sehr kraftlos war, ein Stück Brot, etwas Honig und ein paar Karotten vorbei, um sie so in die Lage zu versetzen, wieder arbeiten zu können. Das half der Gefangenen! Ansonsten hätte der Frau der sichere Tod in der Gaskammer gedroht.

Einer anderen, die gerade erst halbwegs von Malaria genesen war, half sie, sich zu waschen, und besorgte ihr neue Kleidung und Schuhe.

Weil sie guten Kontakt zu den Frauen im Kanada-Lager hatte, gelang es ihr, dringend gebrauchte Medikamente von dort zu organisieren, die sie an Kranke weitergab. Medikamente waren in doppeltem Sinne lebensrettend. Sie halfen dabei, dass Häftlinge wieder gesund wurden, und bewahrten sie so vor dem sicheren Tod in der Gaskammer. Natürlich war es riskant, Medikamente zu schmuggeln. Mala wäre dafür schwer bestraft worden, man hätte ihr das Vertrauen entzogen, das sie sich durch ihre sorgfältige und zuverlässige Art bei ihren Vorgesetzten erworben hatte.

An manchen Tagen wusste sie nicht, was sie zuerst machen sollte. Überall, wo sie hinschaute, hätte sie helfen müssen, aber sie konnte sich nicht zerteilen. Einen Augenblick lang atmete sie tief durch, konzentrierte sich und entschied dann, was zuerst passieren sollte. Natürlich musste sie immer auf der Hut sein, dass keine Vorgesetzte in der Nähe war oder sie von ihnen gebraucht wurde.

Malas Arbeit bestand nicht nur darin, als Läuferin Nachrichten weiterzutragen. Morgens, wenn die Arbeitskommandos das Lager verließen, um irgendwo außerhalb zu schuften, stand sie am Tor und erfasste die einzelnen Kommandos auf einer Liste. Dabei musste auch die Zahl der Häftlinge eingetragen werden, die ihr genannt wurde.

Abends stand sie wieder an derselben Stelle, erfasste die Gruppen, die erschöpft zurückkehrten, und verglich die Zahl mit der vom Morgen. Auch die Toten mussten zurück ins Lager, damit die Statistik stimmte. Darauf legten die Deutschen sehr großen Wert.

Kapos, die tagsüber Häftlinge totgeprügelt hatten, wurden abends von ihren SS-Vorgesetzten für ihre Taten belobigt. Es gebe schließlich genügend Nachschub, hieß die Devise.

Mala gelang es, den Kontakt zu Maria Mandl und Margot Drechsel zu wahren. Sie spielte ihnen Loyalität vor und kam so an wichtige Informationen. Wenn im Häftlingskrankenbau wieder Selektionen anstanden, fand sie jedes Mal einen Vorwand, in das Gebäude zu gehen und den Häftlingen, die halbwegs genesen waren, zu raten, den Krankenbau schnell zu verlassen und sich als Arbeitskraft zur Verfügung zu stellen. Verwundert schauten die Menschen sie an, folgten aber ihrem Rat, weil sie wussten, dass es für Malas Empfehlungen stets einen triftigen Grund gab.

Ihre Ratschläge bestanden aber nicht nur aus gutem Zureden, manchmal musste sie auch andere Methoden anwenden.

»Du hast mir das Leben gerettet«, sagte eine Frau eines Abends, als sie Mala in ihrem Block entdeckte. »Du hast mir das Leben gerettet, weil du mich angebrüllt hast!«

Ja, das hatte Mala getan. Im Beisein von SS-Aufseherinnen hatte sie die Frau angebrüllt, sie solle sich nicht so faul anstellen und sofort zur Arbeit gehen, anstatt sich im Krankenbau auszuruhen. Mala wusste, dass im Krankenbau wieder Selektionen anstanden. »Du bleibst gefälligst in deinem Frauenblock und gehst morgen wieder zur Arbeit! Verstanden?«

Irritiert schaute die Häftlingsfrau Mala an, dann nickte sie.

Das hob ihr Ansehen bei den Aufseherinnen.

Mala hatte gewusst, dass in dem Bau Selektionen anstanden, und so der Frau das Leben gerettet. Tatsächlich waren an diesem Tag alle Häftlinge aus dem Block vergast worden.

Mala war eine sehr mutige Frau. Dadurch, dass sie sich ein gewisses Ansehen, ja sogar Achtung bei ihren deutschen Vorgesetzten erworben hatte, konnte sie sich verstärkt für ihre Mithäftlinge einsetzen. Allerdings musste sie vorsichtig sein. Keine ihrer Handlungen durfte auffallen. Eines war Mala ganz klar: Sie war Jüdin und damit war ihre Zeit im Lager begrenzt. Eines Tages würde auch sie auf einer Todesliste stehen und zusammen mit anderen ins Gas geschickt werden.

Aber noch lebte sie, und solange sie lebte, wollte sie anderen beistehen, ihnen helfen, das Lager zu überleben, um später von den Verbrechen, die sie erlebt hatten, berichten zu können.

Einmal traf Mala im Frauenblock eine junge Frau, die psychisch am Ende war. Sie hatte gerade eine Malaria-Infektion überstanden und war daher körperlich sehr geschwächt. Trotzdem blieb sie in ihrem Block, weil es hier Frauen gab, die sich, so gut es ging, um sie kümmerten, ihr Wasser gaben, sie wuschen und mit Decken von verstorbenen Frauen zudeckten. In dieser Situation hatte sie erfahren, dass man ihren Mann erschossen hatte. Und von dem gemeinsamen Kind, das ebenfalls im Lager war, hatte sie lange nichts mehr gehört. Sie befürchtete, dass es, wie unzählige andere Kinder auch, ins Gas geschickt worden sei. Aus dem Gefühl heraus, ihr Leben habe keinen Sinn mehr, wollte sie nur noch in den Draht gehen.

Mala redete mit ihr, machte ihr Mut, sie sei wichtig und werde noch gebraucht. Wenige Tage später brachte sie der verzweifelten Mutter ein Foto von ihrer Tochter. Der Besitz eines Fotos war lebensgefährlich. Niemand sollte durch ein Bild an frühere Zeiten erinnert werden. Mala schaffte es trotzdem, das Foto des Mädchens zu organisieren. Die Frau sollte es behalten, aber gut verstecken. Immer, wenn sie unbeobachtet war, schaute sie ihre Tochter an. Das verschaffte ihr Mut und ihr Zustand besserte sich. Sie hatte wieder ein Ziel vor Augen: für ihre Tochter da zu sein, ihre Mutterrolle wieder einnehmen zu können, später, wenn sie frei wären.

Mala hatte auch Zugang zu dem Büro, in dem die Arbeitseinsätze der Gefangenen organisiert wurden. Auf

Listen mit den verschiedenen Arbeitskommandos standen die Häftlingsnummern, wer in welcher Gruppe arbeiten sollte. Weil sie zu vielen Häftlingen Kontakt hatte und um ihren Zustand wusste, konnte sie immer wieder Frauen, die durch Krankheiten geschwächt waren, auf andere Listen schieben, damit sie für leichtere Arbeiten eingesetzt wurden und die Aufseherinnen weniger hart und streng waren. Die Veränderungen der Listen musste sie natürlich heimlich vornehmen, niemand durfte sie dabei erwischen. Das wäre ihr Tod gewesen.

Mala hatte in dem Block einen eigenen Raum. Er war klein, aber sie brauchte ihn mit keiner anderen Frau zu teilen. Das war ein großer Vorteil, denn sie war gern allein, wollte Zeit für sich haben, um neue Kräfte zu sammeln. Wenn sie abends auf ihrer Pritsche lag, dachte sie oft an ihre Familie, an ihren Verlobten, an die vielen Freunde und Bekannten, die sie in Belgien hatte. Hatten sie untertauchen können? Waren sie in Sicherheit oder auch schon festgenommen, in das Durchgangslager gebracht und von dort nach Auschwitz oder in eines der anderen Lager deportiert worden? Was wussten die Menschen da draußen, welche Zustände in Auschwitz herrschten? Konnten sie sich vorstellen, dass die meisten, die hier ankamen, noch am selben Tag umgebracht wurden? Sie überlegte, wie sie zumindest ihre Familie informieren konnte.

Häftlinge hatten die Möglichkeit, einmal im Monat eine Postkarte an Angehörige zu senden. Mala grübelte, wie sie auf einer solchen Karte eine Nachricht verstecken konnte, um die Familie zu warnen. Offen über die Dinge zu schreiben, war unmöglich, sämtliche Post wurde von der SS kontrolliert. Manchmal wurden Sätze oder Satzteile geschwärzt, oder, wenn es dem Mitarbeiter in der Poststelle zu offensichtlich war, wie die Zustände im Lager beschrieben wurden, landete die Karte einfach im Papierkorb.

Mala hatte eine Idee! Am 25. August 1943 schrieb sie eine Karte mit folgendem Inhalt an ihre Schwester:

Meine liebe Jochka, vier Wochen sind wieder vorbei und bin wieder glücklich, dass ich Euch schreiben kann. Gleich nach den vorigen Schreiben habe ich Eure Karten vom Mai und Juni bekommen. Der Tag, an dem ich Post bekomme, ist bestimmt ein Feiertag. Es freut mich sehr, dass ihr alle gesund und zusammen seid. Warum schreibst du nichts von den lieben Eltern und den Kindern? Ich bin immer mit denselben Arbeitskolleginnen zusammen, die sehr nett sind. Hella, Regine wie auch die anderen sind mit Etusch zusammen. Mache dir keine Sorgen, ich bin, Gott sei Dank, gesund und arbeite als Dolmetscherin – und in meiner freien Zeit denke ich immer an euch, siehst du, liebe Jochka, immer noch dieselbe Mala von einmal … so, für heute genug, passe nur gut auf deine Gesundheit auf. Wie immer lasse ich euch alle herzlich grüßen und küssen von eurer Mala.

In dem Kartentext versteckte sie die Botschaft, dass einige Menschen, Hella, Regine und auch andere, die nicht nur sie, sondern auch ihre Schwester kannte, bei Etusch waren. Etusch war ihre Schwägerin, die bereits 1940 starb.

In der nächsten Zeit fanden viele Selektionen statt, besonders im Frauenlager. Mala war verzweifelt, was konnte sie tun? Welche Möglichkeiten blieben ihr noch? Hinzu kam, dass sie auch keine Nachrichten mehr von ihrer Schwester erhielt, die ihr sonst regelmäßig schrieb.

In ihrer Karte vom Oktober 1943 bat sie sie dringlich, ihr wieder zu schreiben. Nachrichten von ihr gäben ihr stets neuen Lebensmut. Sie fragte auch nach ihren Eltern, wollte wissen, ob es ihnen gut gehe und warum sie ihr nicht schrieben? Auch nach ihren Neffen fragte sie.

Mala wusste zu diesem Zeitpunkt nicht, dass sowohl ihre Eltern als auch die drei Neffen im Alter von drei, fünf und sechs Jahren schon in den Gaskammern von Auschwitz ermordet worden waren.

Mala wollte nicht schwach sein, nicht aufgeben. Sie hatte hier eine gute Position mit vielen Kontakten nicht nur zu den Frauen, sondern auch zu den Aufseherinnen bis hin zum SS-Personal. Das ließ sich immer wieder nutzen, um zumindest einzelnen Häftlingen zu helfen. Einer Landsfrau aus Belgien konnte sie versichern, dass sie sich nicht um ihre beiden Kinder sorgen müsse, sie werde sich um sie kümmern. Die Mutter war erleichtert, denn wenn Mala etwas versprach, würde sie es auch halten.

Mala schaffte es aber auch, Zeitungsschnipsel zu organisieren. Die Nachrichten, die sie daraus zusammensetzen konnte, waren nicht nur für sie, sondern auch für ihre Mithäftlinge im Lager von großer Bedeutung. Sie wanderten von Hand zu Hand, und wenn alle Frauen aus einem Block die wenigen Informationen gelesen hatten, wurden die Schnipsel in den nächsten Block weitergeschmuggelt. Es war für alle wichtig zu erfahren, worüber draußen berichtet wurde, selbst wenn die Informationen noch so spärlich flossen. Sie waren Anhaltspunkte, die manchmal Enttäuschungen, oft aber auch Hoffnung erzeugten. Auf jeden Fall hatten die Gefangenen durch die kleinen Botschaften aber Gesprächsstoff.

Es war schon Winter, vermutlich Ende Dezember, als sie ihn zum ersten Mal bewusst sah. Sie saß in der Baracke neben einer sehr verzweifelten jungen Frau, der sie zuhörte. Später wusste sie nicht mehr, was die Frau ihr erzählt hatte, denn aus den Augenwinkeln sah sie, wie einige Schritte von ihr entfernt ein junger Mann, ein Häftling, stand, der sie anstarrte. Er trug keine Häftlingskleidung wie die anderen Gefangenen, sondern eine Hose aus kräftigem Stoff. Was machte er hier, warum hatte er einen Werkzeugkoffer dabei? Wer war er? Mala spürte eine innere Anspannung. Was ist los mit mir?, fragte sie sich. Warum kann ich mich nicht mehr richtig auf das Gespräch konzentrieren? Lag es an diesem Mann? Auch er hatte sie ja angeschaut, und nun, da er sich wieder der Arbeit zuwandte, schaute *sie* in seine Richtung.

»Kennst du ihn?«, fragte die Frau, die Halina hieß, als sie merkte, dass Mala ihr nicht mehr richtig zuhörte.

»Nein«, antwortete sie, »warum fragst du?«

»Na, du schaust ihn die ganze Zeit über an. Das ist Edek, der ist oft hier in Birkenau. Der arbeitet im Stammlager in der Schlosserei. Aber hier gibt es offensichtlich mehr Arbeit, deswegen kommt er ständig. In den Waschräumen müssen Rohre verlegt werden, da ist er dabei.« Halina wusste offenbar einiges über ihn.

Mala nickte und schaute weiter in Edeks Richtung. Er war noch jung, hatte aber eine kräftige Figur. Sicher war er auch ein Funktionshäftling und bekam besseres Essen. Gut sieht er aus, fand sie.

Doch dann rief sie sich wieder in die Realität von Birkenau zurück. Du kannst hier nicht anfangen, für einen Mann zu schwärmen, nicht hier an diesem Ort! Das geht nicht! Liebe hat hier keinen Platz!

Doch der Mann ging ihr nicht mehr aus dem Kopf.

Ala Nächstes begegneten sie sich auf der Lagerstraße. Kurz nur, ganz kurz. Was passierte in diesem Moment mit ihr? Ständig musste sie an ihn denken, besonders abends, als sie auf ihrer Pritsche lag. Selbst ihren Mithäftlingen fiel auf, dass sie sich verändert hatte.

»Du siehst so zufrieden aus«, sagten sie, »zufrieden und glücklich. Man könnte meinen, du bist verliebt.«

Mala schüttelte den Kopf. Aber sie merkte, dass es kein ehrliches Kopfschütteln war.

Zwei Tage später überbrachte Helen ihr eine Nachricht, die sie vollkommen überraschte. Zuerst glaubte sie sich verhört zu haben, deshalb fragte sie noch mal nach.

»Ja, Edek möchte sich mit dir treffen, heute Nachmittag, hinter dem Block 30. Block 30, denk dran!«

Mala nickte. Sie kannte den Block, war oft genug dort, um diesem Horst Schumann, der in dem Gebäude sein Röntgenlabor hatte, eine Nachricht zu überbringen.

Es war gefährlich, sich heimlich mit einem Häftling zu treffen! Wieso glaubte Edek, dass sie die Verabredung einhalten würde? Hatte er gesehen, wie sie nach ihm schaute? Hatte Halina ihm erzählt, dass sie sich nach ihm erkundigte?

Alle Fragen, alle Bedenken wichen dem Bedürfnis, diesen Mann unbedingt zu treffen. Er hatte sie neugierig gemacht, Gefühle in ihr geweckt, die sie so noch nie verspürt hatte, auch ihrem Verlobten gegenüber nicht. Oder lag es daran, dass man hier, in der Realität von Gewalt und Tod, angenehme Gefühle viel intensiver wahrnahm?

Die Stunden bis zu ihrem Treffen zogen sich hin, und Mala hoffte, zum Zeitpunkt ihres geplanten Treffens nicht zu einem Arbeitseinsatz gerufen zu werden. Sie hatte Glück. Rechtzeitig war sie an dem verabredeten Ort.

Die kurze Zeit des Beisammenseins mit Edek empfand sie wie eine kleine Ewigkeit. Sie genoss es, ihn anzuschauen, sich von ihm in den Arm nehmen zu lassen, ihn auch selbst in den Arm zu nehmen und zu küssen. In diesen wenigen Minuten gab es nichts anderes als sie und ihn.

Dieses Gefühl nahm sie in sich auf, wollte es bewahren für die Stunden, in denen sie nicht zusammen sein konnten.

Am Abend nach ihrem ersten Treffen mit Edek lag Mala auf ihrer Pritsche, atmete ruhig und entspannt, ganz anders als sonst, wenn sie die Stimmen und den Geruch um sich herum wahrnahm. Sie dachte an Edek, verschränkte ihre Arme über der Brust, als wolle sie ihn an sich drücken. Es tat gut, Abstand von ihrem Alltag zu bekommen. Mit einer solchen Wirkung hatte sie nicht gerechnet, aber sie war dankbar dafür. War Liebe an diesem Ort doch möglich?

EDEK

Fluchtpläne

Lange hatten sie nicht mehr darüber geredet, doch der Gedanke war immer da gewesen. Sie wollten raus aus dem Lager, sich draußen dem Widerstand anschließen und gegen die Deutschen kämpfen. Und vor allem wollten sie die Öffentlichkeit informieren, was im Stammlager Auschwitz und in Birkenau geschah. Täglich bekamen sie mit, wie neue Transporte ankamen, die Menschen in zwei Gruppen aufgeteilt wurden und der weitaus größte Teil, Kinder, Alte, Kranke und Mütter, den letzten Weg antreten musste, hin zu dem Birkenwäldchen, das sich in unmittelbarer Nähe der Gaskammern befand. Hier konnten sie sich, wenn die Sonne schien, in den Schatten setzen und ausruhen, bis sie zu den Gaskammern geführt wurden. Das Wäldchen war eine Art Wartezimmer zum Tod.

Seitdem Edek mit seinem Arbeitskommando nach Birkenau verlegt worden war, traf er sich abends wieder öfter mit Wieslaw. Der hatte in seinem Block einen Raum hergerichtet, in dem sie sich ungestört unterhalten konnten. Niemand durfte ja etwas von ihren Plänen mitkriegen. Edek und Wieslaw waren überzeugt: Sie mussten etwas unternehmen, mussten raus, um die Welt da draußen über die Verbrechen in Auschwitz zu informieren! Denn was hier täglich geschah, war unerträglich. Und doch versuchten sie jeden Tag, ihren Mitgefangenen Mut zu machen. Mit kleinen Gesten wie einem Kopfnicken, einem Lächeln und, wenn es niemand mitbekam, mal ein paar aufmunternden Worten.

Im Außenlager Birkenau gab es einen SS-Mann, der Viktor Pestek* hieß und von seinem Dienstgrad her Rottenführer* war. Edek und Wieslaw wussten, dass Pestek bekannt dafür war, im Lager Handel zu treiben. An fast allem, was auf geheimen Wegen aus den Kanada-Baracken besorgt werden konnte, hatte er Interesse. Als Gegenleistung brachte er Schnaps, Wurst, Zigaretten und manchmal auch englische Schokolade von draußen mit.

Die Übergabe war einfach. Pestek kam mit dem Fahrrad, an dem die vollgepackte Tasche hing, und betrat einen Block. Wieslaw tauschte die Waren in der Tasche gegen das aus, was Pestek wollte. Sobald er den Besuch in dem Block beendet hatte, schnappte sich Pestek sein Fahrrad und fuhr wieder los.

Es war Wieslaws Idee, Pestek in ihre Fluchtpläne einzuweihen. Vielleicht konnte dieser korrupte SS-Mann, der alle möglichen Verbindungen nach draußen hatte, ihnen bei der Flucht helfen, Kontakte herstellen zu Leuten, bei denen sie draußen eine Weile Unterschlupf fänden.

Zunächst wollten die beiden zu Wieslaws Schwester nach Zakopane. Wenn sie täglich dreißig Kilometer schafften, würden sie für die Strecke mindestens fünf

Tage brauchen. Und die Schwester musste informiert werden. Ob sie Pestek dafür gewinnen konnten?

Später, wenn sich die Situation etwas beruhigt hätte, die Suche nach ihnen vielleicht schon eingestellt wäre, würden sie wieder in die Nähe von Auschwitz gehen und sich dort Partisanenverbänden anschließen. Darin waren sie sich einig: Sie wollten ihren Mithäftlingen zu Hilfe kommen, sie nicht im Stich lassen. Doch wie sollten sie aus dem Lager rauskommen?

Irgendwann kam ihnen die Idee mit den SS-Uniformen. Ob Pestek ihnen welche besorgen konnte? Es würde bestimmt einfacher sein, in einer Uniform zu fliehen als in Häftlingskleidung. Ohne Uniform würden sie es sicher nie aus dem Lager schaffen.

Edek war von der Idee begeistert. Nur wussten sie nicht, wie sie den SS-Mann darauf ansprechen sollten. War er wirklich so vertrauenswürdig, wie er sich gab, oder machte er das mit dem Handel nur, um die Abläufe in den Kanada-Baracken herauszufinden und bei nächster Gelegenheit zuzuschlagen?

Als Pestek eines Abends zu Wieslaw in den Block kam, war er erstaunt, auch Edek dort anzutreffen. Er kannte ihn noch nicht.

»Ist der zuverlässig?«, wollte er von Wieslaw wissen.

»Zuverlässiger als ich«, gab Wieslaw zurück.

Edek überlegte angespannt, wie sie Pestek auf ihre Seite ziehen konnten. Er wusste von Pesteks Habgier, zog eine 20-Dollar-Münze aus seiner Jackentasche und spielte mit ihr. Pestek entging das nicht.

»Was hast du da?«, wollte er wissen.

»Die können Sie haben, Herr Blockführer*«, entgegnete Edek und warf ihm die Münze zu.

Im Laufe des Abends tranken die Männer zusammen Schnaps, und Edek überlegte wieder, wie er das Gespräch auf ihre geplante Flucht lenken konnte. Ihm fiel nichts ein.

Irgendwann erzählte Pestek aber etwas von britischen Kriegsgefangenen und einem Offizier, dem er die Verbindung zu einer jüdischen Familie in Theresienstadt* ermöglicht hatte.

Endlich hatte Edek einen Punkt gefunden, wo er anknüpfen konnte.

»Ich habe genug von dem Lager hier. Wenn ich eine SS-Uniform hätte, würde ich fortgehen.« Edek beobachtete genau Pesteks Reaktion.

»Fortgehen? Wohin denn? Es ist Winter, hier bist du sicherer als da draußen! Nach dem Winter kommt der Frühling, bis dahin hat sich vielleicht viel verändert!«

Edek und Wieslaw waren plötzlich nicht mehr so sicher, ob Pestek ihnen tatsächlich helfen würde.

Das Gefühl, das sie nach dem Abend hatten, sollte sich bestätigen, denn Pestek kam in der Folgezeit nur noch sehr selten zu ihnen, und wenn, lehnte er es ab, mit ihnen zu trinken.

Irgendwann kam er gar nicht mehr. Es gingen Gerüchte um, er habe in Kontakt mit dem britischen Nachrichtendienst gestanden und einem Juden aus Theresienstadt* zur Flucht verholfen.

Tage und Wochen vergingen, ohne dass Edek und Wieslaw ein neuer Plan für ihre Flucht einfiel. Nur den Zeitraum legten sie fest: Es sollte im Sommer sein, im Juni oder Juli. Sie hofften, dass die Rote Armee* bis dahin ihre Heimatstadt Jaroslaw eingenommen hätte. Dann wären sie dort sicher.

Die Jahreswende 1943/1944 verbrachten sie gezwungenermaßen mit dem Kapo Alois Staller*, der sich zu ihnen setzte und mit ihnen Schnaps trank. Sie waren keineswegs erfreut über den ungebetenen Gast, denn Staller war unter den Kapos wegen seiner Brutalität als Bestie bekannt.

In den ersten Wochen des neuen Jahres hatte Edek endlich eine Idee.

»Ich bin dabei, jemanden für unseren Plan zu gewinnen, und dieser Jemand braucht Geld!«

Mehr sagte er nicht zu Wieslaw, doch der wusste, dass auf seinen Freund Verlass war. Jetzt hieß es »sparen«.

Wieslaw hatte immer noch gute Kontakte zu den Kanada-Baracken, und wenn ein Zivilarbeiter irgendwas brauchte, wandte der sich vertrauensvoll an ihn.

Wieslaw bekam für seine Vermittlungen zu den Kanada-Baracken Geld. In der Vergangenheit hatten sie das stets für zusätzliches Essen und Schnaps ausgegeben. Nun gab es ein höheres Ziel: Das Geld sollte in ihre Flucht investiert werden.

Im Februar lüftete Edek sein Geheimnis um den Fluchthelfer. Es war sein Vorgesetzter, der SS-Mann Edward Lubusch, der bereit war, ihnen die notwendigen SS-Uniformen für ihre Flucht zu besorgen. Dafür verlangte er 200 Dollar. Kein unverschämter Preis, wie Wieslaw fand, doch für Lubusch sicher eine Summe, mit der er draußen etwas anfangen konnte.

Edek und Wieslaw waren gespannt, ob und wann Lubusch Wort halten und die SS-Uniformen liefern würde. Zu den Uniformen sollte er auch noch die entsprechenden Waffen besorgen, damit sie tatsächlich als komplett ausgerüstete SS-Männer durchgehen würden.

Lubusch hielt tatsächlich Wort. Täglich kam er mit seinem Fahrrad ins Lager und stellte es an der Baracke ab, in der sich sein Arbeitskommando der Installateure traf. An der Stange hatte er stets seine Tasche befestigt. Tagelang hatte sich Wieslaw in der Nähe der Baracke aufgehalten, um das Paket entgegenzunehmen. Eines Tages schließlich war die Tasche von Lubusch deutlich stärker ausgebeult als sonst. Wie gewohnt stellte er sein Fahrrad ab, nahm die Tasche und brachte sie in die Baracke im Frauenlager. Kurze Zeit später kam Edek mit dem Paket heraus. Jetzt musste er es nur noch unbemerkt Wieslaw übergeben, der auf der anderen Seite der Umzäunung vom Frauenlager stand.

»Du musst keine Angst haben, es ist kein Strom drin«, sagte Edek.

Er schaute sich vorsichtig um und übergab die Tasche seinem Freund, der sie in ein sicheres Versteck in seiner Baracke brachte.

Wie sich herausstellte, war es aber nur *eine* Uniform, und auch die Waffen fehlten.

Eine Pistole konnte Lubusch bald besorgen, nur die zweite Uniform kam nicht.

Edek und Wieslaw überlegten krampfhaft, wie sie die Flucht auch mit einer Uniform hinkriegen konnten.

Wieslaw schlug schließlich vor, Edek solle die Uniform tragen und ihn, Wieslaw, am Tag ihrer Flucht aus dem Lager führen. Edek, der die deutsche Sprache besser beherrschte, sollte am Tor vorgeben, den Gefangenen zu einer Arbeit außerhalb des Lagers zu begleiten. So konnte ihnen die Flucht gelingen, daran glaubten sie fest.

Doch am Ende kam alles anders.

EDEK UND MALA

Die Liebenden

Liebe in Auschwitz war sowohl zwischen Häftlingen untereinander als auch zwischen SS-Personal und Häftlingen verboten. Trotz strenger Strafen ließen sich die Gefühle von Menschen aber nicht restlos unterbinden. Neben dem KZ-Aufseher Franz Wunsch*, der sich in die Häftlingsfrau Helena Citron verliebte, was allerdings eine einseitige Liebe blieb, gab es auch eine Reihe von Liebesbeziehungen zwischen Häftlingen.

In Auschwitz-Birkenau wurde die Liebe von Edek und Mala bald unter den Mitgefangenen bekannt. Als »Romeo und Julia von Auschwitz« wurden sie bezeichnet, und alle, die von der Beziehung wussten, hielten sie vor den SS-Aufsehern geheim. Alle gönnten dem Paar seine heimlichen Begegnungen. Sie wunderten sich bloß, dass eine so tiefgehende Liebe in Auschwitz möglich war.

Wenn Mala von ihren Mithäftlingen gefragt wurde, gestand sie: »Ich liebe und werde geliebt!«

»Aber ihr seht euch doch nur ganz selten!«, flüsterte ihre Freundin Sarah. »Warum ist dieser Edek für dich so wichtig?«

Mala überlegte, was sie antworten sollte. Dabei schaute sie Sarah direkt an.

»Kennst du Mammutbäume?«, fragte sie.

»Nein«, antwortete Sarah und schaute verständnislos.

»Mammutbäume«, erklärte Mala, »stehen weit auseinander. Wenn man sie sieht, könnte man meinen, sofern sie eine Seele haben wie wir Menschen, müssten sie sehr, sehr einsam sein. Aber Mammutbäume haben weit ausladende Wurzeln, die sich unter der Erde berühren.«

Verwundert schaute Sarah ihre Freundin Mala an. Dann nickte sie. Sie hatte verstanden.

Wieslaw Kielar war der Erste, dem Edek seine Liebe zu Mala gestand. Edeks Freund wusste von den beiden, hatte es aber lange für eine vorübergehende Liebelei gehalten.

Edek konnte seine Gefühle für Mala vor seinem Freund nicht geheim halten. Er schwärmte von ihr, nannte sie »meine Mally«, was – neben dem Mala-Anklang – auch ein polnischer Ausdruck war, der so etwas wie »meine Kleine« bedeutet.

Wieslaw war skeptisch, was die Beziehung anging. Er wusste, dass Mala Jüdin war und ihre Zeit im Lager irgendwann ablaufen würde. Wie würde es Edek dann gehen? Würde er tatenlos zusehen, wie seine Geliebte in die Gaskammer geführt wurde? Wieslaw wollte darüber besser nicht nachdenken. Lieber unterstützte er Edek, wenn der sich wieder mit Mala treffen wollte, sie waren ja Freunde.

Edek und Mala wollten sich nach ihrem ersten Zusammensein so oft wie nur irgend möglich sehen. Doch die Verabredungen waren nicht leicht zu arrangieren.

Einmal, als Edek – und auch Wieslaw – im Frauenlager

arbeiteten, ließ er Mala erneut durch eine Mitgefangene eine Nachricht zukommen. Er wollte sie wenigstens sehen, wenn er schon im Frauenlager war. Der Zeitpunkt, den er gewählt hatte, war aber zunächst äußerst ungünstig. Der Lagerkommandant Josef Kramer* und die Oberaufseherin Maria Mandl standen in der Nähe des Lagertors zusammen, unterhielten sich und hatten alles genau im Blick. Für Mala war es ohne ausdrückliche Anweisung der Aufseherin, an jemanden eine Nachricht zu überbringen, unmöglich, ihren Platz zu verlassen.

Edek war enttäuscht, doch der Tag war ja noch nicht zu Ende. Später, als Kramer und Maria Mandl mit Kramers Auto weggefahren waren, konnten sich die beiden Liebenden doch noch in einem der Frauenblöcke treffen.

Fania, eine Mitgefangene von Mala, die die Begegnung beobachtet hatte, beschrieb sie ihren Kolleginnen abends so: »Edek und Mala gingen aufeinander zu und standen schließlich dicht beieinander, mitten in unserem Frauenblock, berührten sich aber nicht. Sie schauten sich an und um sie herum schien die grausame Realität von Birkenau zu versinken. Es war, als wären beide irgendwo draußen in der Natur, mitten auf einer Wiese mit bunten Blumen. Minutenlang standen sie so da, redeten kein Wort miteinander, doch ihre Blicke sprachen Bände.«

Die Treffen der beiden Liebenden beschränkten sich aber nicht nur auf die Begegnungen in einem der Frauenblocks, wo sie stets Abstand wahren mussten. Es gab noch einen anderen Ort, ganz in der Nähe, da, wo sie sich auch das erste Mal getroffen hatten. In einem der Räume im

Block 30 befanden sich Röntgengeräte, der zweite Raum war der Untersuchungsraum, in dem der Arzt Dr. Horst Schumann seine Sterilisationsversuche und andere medizinische Experimente machte.

Da der Arzt in der Regel nur tagsüber dort arbeitete und der Block abseits der Lagerstraße lag, war er ein guter Ort, um sich dort abends zu verabreden. Für Mala, die Zugang zu vielen Büros hatte, war es kein großes Problem, auch den Schlüssel zu diesem Block zu organisieren.

Trotzdem hielten sie es für sicherer, wenn zumindest eine vertraute Person draußen Wache hielt, um sie gegebenenfalls rechtzeitig zu warnen, wenn doch mal ein SS-Aufseher oder der Arzt auftauchen sollte.

Eines Abends, wenige Tage nach ihrer Begegnung in der Baracke, verabredeten sich Edek und Mala in diesem Block.

»Endlich«, sagte Mala, »endlich sind wir allein«, und schaute Edek in seine dunkelbraunen Augen. Wie hatte sie sich nach diesem Augenblick gesehnt, sich ihn immer wieder vorgestellt, geradezu auf ihn hingefiebert. Sie ging einen Schritt auf Edek zu und hoffte, auch er würde auf sie zugehen.

Edek blieb aber noch stehen, schaute Mala von unten bis oben an. Er konnte es kaum fassen, mit dieser schönen Frau allein zu sein. Der Ort ihres Treffens trat in den Hintergrund, er sah nur noch Mala, wie sie langsam auf ihn zukam.

Jetzt konnte auch er sich nicht mehr zurückhalten, obwohl er die Vorfreude auf ihre Umarmung gern noch etwas länger ausgekostet hätte, doch es gab einfach kein Halten mehr.

»Mala«, flüsterte er ihr ins Ohr, »meine Mala, meine Mally ... meine ...«

Weiter kam er nicht. Ihre Köpfe bewegten sich aufeinander zu, ihre Lippen trafen sich, sie schmiegten sich aneinander, ihr Verlangen wurde größer, Edek fingerte an den Knöpfen ihrer Bluse, wollte sie am liebsten aufreißen, bis Mala ihn stoppte.

»Ich bin nun schon so lange hier im Lager«, flüsterte sie. »Du weißt, die Verpflegung hier ist nicht ausreichend und nur sehr einseitig, ich bin sicher nicht mehr so attraktiv, wie ich mal war.«

Edek schaute sie an.

»Du bist nicht nur eine sehr kluge, sondern auch eine sehr hübsche und attraktive Frau«, gestand er. »Du gefällst mir genau so, wie du bist.«

Mala sah ihn lächelnd an. Nun ließ sie es zu, dass er ihre Bluse weiter aufknöpfte, sie ließ es zu, dass er sie streichelte, zu dem Tisch an der Wand führte und sie sich dort nebeneinanderlegten. Sie waren wie zwei Wassertropfen, die aufeinander zurannen, sich vereinigten. Zeit und Raum waren vergessen, es gab nur zwei aneinandergeschmiegte Körper, die nicht voneinander lassen wollten, bis sie sich schließlich erschöpft in den Armen lagen, sich anschauten und strahlten. Sie waren glücklich, einander gefunden zu haben.

»Was ist, wenn man uns hier findet?«, fragte Mala eines Abends, wenige Tage später, als sie sich wieder in dem Block verabredet hatten. Sie wollte Edek auch weiter hier treffen, das stand für sie fest. Am liebsten noch viel, viel öfter, doch das ließen die Bedingungen im Lager nicht zu. Der Block 30 mit seinen medizinischen Gerätschaften war nicht gerade einladend, aber wenn sie sich trafen, war das egal.

»Sie werden uns hier nicht finden«, versuchte Edek sie zu beruhigen. »Der Arzt wird jetzt irgendwo in einem Lokal sitzen, saufen, sich lustig machen über seine ›Versuchskaninchen‹ und überlegen, was er morgen an üblen Sachen tun könnte, um Menschen zu quälen.«

»Da ist etwas, das mir Angst macht, Edek.« Malas Stimme klang brüchig. »Jeden Tag gibt es Selektionen, jeden Tag werden Menschen zu den Gaskammern geführt, jeden Tag kommen neue Transporte hier an.«

Vor ihren Augen erschienen die Menschen, die in langen Gruppen durch das Lagertor geführt wurden.

»Im Frauenlager und auch von der Krankenstation kann ich nur wenigen zumindest eine vorübergehende Sicherheit geben, doch viele, die mir vertraut waren, leben nicht mehr. Sie wurden einfach aus ihren Arbeitskommandos geholt und umgebracht ... es ist zum Verzweifeln!«

»Ich weiß«, sagte Edek mit ruhiger Stimme, »ich sehe das auch Tag für Tag. Es ist auch für mich unerträglich und nun müssen wir sogar neue Baracken und Waschräume bauen. Vermutlich werden noch mehr Transporte hier ankommen. Ein Schienenstrang wurde sogar schon bis hierher ins Lager verlegt.«

Die beiden schauten sich an. Angst, verzweifelte Angst lag in ihren Augen. Schließlich legten sie sich, halb nackt wie sie noch waren, auf den harten Tisch. Edek rollte sein Hemd zusammen und schob es Mala unter den Nacken, damit sie es etwas bequemer hatte.

Mala starrte an die Decke.

»Edek«, sagte sie nach geraumer Zeit, »ich bin froh, dass wir uns haben. Seit unserer ersten Begegnung hat mein Leben einen neuen Sinn. Es ist die Liebe, die ich für dich empfinde. Mit dir habe ich sie erst richtig kennengelernt. Sie ist mehr als nur jemanden lieb oder gern haben. Das ist auch wichtig, aber Liebe ist mehr. Sie macht für mich, gerade hier in diesem Lager, im Alltag so vieles leichter, weil ich weiß, dass es dich gibt. Ich fühle mich freier, lasse mich von den täglichen Demütigungen nicht mehr beeinflussen. Für mich ist das ein gutes Gefühl, das mich stärker macht.«

Sie hielt einen Augenblick inne und dachte an Charles, mit dem sie noch verlobt war. Die Beziehung zu ihm war völlig anders gewesen. Klar, sie mochte ihn, er war nett, konnte witzig sein, sie zum Lachen bringen. Rückblickend fragte sie sich jedoch, ob es tatsächlich Liebe war. Charles hatte ihr ja mal gesagt, sie werde sich an ihn gewöhnen. Das war wohl auch so, sie hatte sich gefreut, wenn sie sich trafen, etwas gemeinsam unternahmen, und sie war ihm auch dankbar, dass er sie in der schweren Zeit unterstützt hatte, als sie sich Sorgen um ihre Familie machte.

Mit Edek war es anders. Oft hatte sie sich gefragt, ob es an dieser menschenverachtenden Umgebung lag, an dem Ort, an dem ihr Liebe so unvorstellbar erschien. Sie fand keine Erklärung. Auf jeden Fall fühlte sie sich zu Edek so stark hingezogen wie bisher zu keinem anderen Mann.

Mala nickte zu ihren Gedanken und fuhr dann fort:

»In den ersten Monaten, als ich hier ankam, ist mir von den Menschen, die sich als meine Vorgesetzten betrachten, immer nur Hass entgegengeschlagen. Manchmal habe ich mich gefragt, ob diese Frauen und Männer keine Familien haben, Frauen und Kinder, die sie lieben, mit denen sie sanft und zärtlich umgehen. Vorstellen konnte ich es mir nicht. Können Menschen, die an ihrem ganzen Arbeitstag nur brüllen, prügeln, Gefangene selektieren und in den Tod schicken, an ihrem Feierabend einfach den Schalter umlegen und liebevolle Familienväter oder -mütter sein? Nach Hause gehen, mit ihren Kindern spielen, ihnen eine Gute-Nacht-Geschichte erzählen? Ich musste mich innerlich dagegen wehren, selbst Hassgefühle zu entwickeln. Denn damit würde ich mich auf dieselbe Stufe wie diese SS-Menschen stellen.«

Edek verstand sie. Auch er hatte solche Gedanken. Er schaute Mala an und streichelte ihre Wangen. Sie war schön, so wie sie neben ihm lag. Er genoss es, ihren Atem zu spüren und ihren Geruch wahrzunehmen. Die Außenwelt trat in den Hintergrund, hatte für den Augenblick, in dem sie ihm ihre Liebe gestand, keine Bedeutung. Doch plötzlich schob sich das grausame Lagerleben wieder dazwischen.

»Meine Liebe kennt aber auch sehr viel Angst!«, musste er ihr gestehen.

»Warum?«, wollte Mala wissen.

Edek suchte nach den richtigen Worten, um es ihr zu erklären. Schließlich sagte er: »Du weißt, welche Menschen hier zuerst in die Gaskammern geführt werden. Es sind die Juden. Und du bist ...«

Weiter kam er nicht, Tränen rannen ihm über die Wangen. Das überraschte ihn. Wann hatte er zum letzten Mal geweint? Er war aber auch froh über diese Tränen, weil sie ihm die tiefe Liebe zu Mala einmal mehr deutlich machten.

Mala küsste sie ihm weg.

»Ich weiß um meine Situation hier sehr genau Bescheid, ich habe einen Einblick in die Akten und weiß, wann welche Selektionen durchgeführt werden. Sicher ist das keine Überlebensgarantie. Aber noch hoffe ich, dass der Krieg zu Ende geht, bevor man uns alle umgebracht hat.« Mala schaute nachdenklich vor sich hin. »Mir geht es ähnlich wie dir. Es gibt hier einfach keine Überlebensgarantie. Du könntest auch der Willkür von SS-Männern zum Opfer fallen. Das ist meine tägliche Angst, besonders um dich. Aber natürlich gilt sie auch all den anderen Menschen, für die ich da sein möchte.«

»Um mich musst du dir keine Gedanken machen«, versuchte Edek zu scherzen. »Ich habe schließlich schon einige Jahre hier ausgehalten. Und Lubusch ist ein guter Vorgesetzter, er brüllt nicht und prügelt nicht. Aber es stimmt, es gibt keine Garantie!«

In Edek machte sich eine Überlegung breit. Doch bevor er mit Mala darüber reden wollte, musste er das zuerst mit seinem Freund Wieslaw besprechen.

EDEK

Im Stehbunker*

Mala hatte ihn nun schon seit zwei Tagen nicht mehr gesehen und auch keine Nachricht von ihm erhalten. Sie war in großer Sorge. War das passiert, worüber sie erst vor wenigen Tagen gesprochen hatten? Mala konnte sich kaum mehr auf ihre Arbeit in der Schreibstube konzentrieren. Am liebsten hätte sie vor der Baracke in der Nähe vom Tor gestanden, von wo aus die Mandl ihr immer die Aufträge als Läuferin erteilte. So hätte sie im Lager nach Edek forschen können. Doch ihr Arbeitsalltag sah seit den beiden letzten Tagen anders aus. Sie musste im Büro sitzen und sich mit irgendwelchen Schreibarbeiten abgeben. Wenn sie doch wenigstens Wieslaw hätte treffen können. Er würde ihr sicher sagen, was mit ihrem Freund los war. War Edek krank? Hatte er einen Unfall gehabt? Lag er im Krankenbau?

Weil sie es einfach nicht mehr aushielt, schlich sie am Abend wieder zum Block 30. Vielleicht wartete er ja dort auf sie oder sie traf unterwegs Wieslaw.

Angst packte sie, als sie Edek nicht fand. Sie wartete, lief ungeduldig hin und her und hoffte, er würde noch kommen. Aber Edek kam nicht. Mit gesenktem Kopf machte sie sich auf den Weg zurück zu ihrer Baracke. Sie hätte Wieslaw gar nicht gesehen, wenn er nicht ihren Namen gerufen hätte.

»Mala!«

Sie schaute hoch.

»Wo ist Edek?«, schoss die Frage aus ihrem Mund.

»Edek ist im Bunker«, antwortete Wieslaw bedrückt.

Wieslaw wusste, was es bedeutete, nächtelang in der engen Stehzelle zubringen zu müssen. An Schlafen war dort nicht zu denken. In der Regel waren vier Männer gleichzeitig in der Zelle eingepfercht. Man konnte weder aufrecht stehen noch liegen. Für die Luftzufuhr gab es nur einen schmalen Schlitz, der sich direkt unterhalb der Decke befand. Oft starben die Häftlinge über Nacht, entweder weil sie zu wenig Sauerstoff bekamen oder weil sie nach einem langen und harten Arbeitstag zu geschwächt waren, um die Nacht stehend zu überleben.

Mala erschrak. Edek im Bunker, es war unvorstellbar. Auch sie wusste genau, was das hieß.

»Wie lange?«, fragte sie zögernd und hoffte, dass er nur ein oder zwei Nächte dort bleiben musste.

Wieslaw zeigte ihr zur Antwort die fünf Finger seiner Hand.

»Aber wieso denn, was hat er getan?« Sie konnte ihre Tränen nicht mehr zurückhalten.

Wieslaw zuckte nur mit den Schultern. Mala lief in ihren Block, legte sich auf ihre Pritsche und fing wieder an zu weinen.

Was war geschehen?

Edek und Wieslaw kamen von ihrem Arbeitseinsatz

Stehbunker im Stammlager Auschwitz. Die Grundfläche beträgt knapp einen Quadratmeter, hinter den Klappen sind die Öffnungen, durch die die Häftlinge in den Innenraum kriechen mussten. Oben, direkt unter der Decke, befindet sich eine kleine Öffnung für die Luftzufuhr.

und trafen auf einen SS-Mann, der ihnen befahl, den Leichenträgern zu helfen, die Toten auf die Karre zu laden.

»Diese Muselmänner* schaffen das nicht mehr!«, fluchte der Uniformierte. »Die werden den Abend vermutlich nicht mehr erleben!«

Edek und Wieslaw fassten mit an, arbeiteten schnell und zuverlässig, um keine Probleme zu kriegen, denn der SS-Mann schien äußerst streng.

Als sie fertig waren, musste sich Edek beeilen, zu seinem Arbeitskommando zu kommen. Er rannte los, drehte sich noch mal zu seinem Freund um, um sich zu verabschieden, und in diesem Moment stieß er mit einem anderen SS-Mann zusammen.

»Was soll das?«, wurde Edek angebrüllt. »Hast du keine Augen im Kopf?«

Edek schaute den Mann direkt an. Er wollte sich entschuldigen, doch er war vor Angst völlig durcheinander. Er hätte die Mütze abnehmen, nach unten blicken und sich in aller Form für seinen Fehler entschuldigen müssen. Weil er das auf die Schnelle nicht hinbekam, wurde er angebrüllt.

»Dir werde ich Manieren beibringen! Fünf Nächte Bunker! Dort kannst du über dein Verhalten nachdenken!«

Edek wurde blass. Fünf Nächte? Würde er das durchhalten? Er musste es schaffen, schon wegen Mala.

Die Stunden im Bunker zogen sich endlos hin. Er war nicht allein in dem engen Raum, drei weitere Männer waren dort in der ersten Nacht mit eingesperrt. Zu viert konnten sie sich kaum rühren. Mit eingezogenen Köpfen standen sie da und versuchten irgendwie, zur Ruhe zu kommen. Ab und zu sackte einer in die Knie, weil er keine Kraft mehr hatte oder einschlief.

Edek dachte an Mala, sie ging ihm nicht aus dem Kopf. Er liebte sie und er wollte den Stehbunker unbedingt überleben, für sich und für Mala. Manchmal nickte er kurz ein, schreckte aber gleich wieder hoch, weil ein anderer kraftlos zusammensackte und gegen ihn stieß.

Die erste Nacht ging vorbei, sie krochen durch die schmale Öffnung am Boden nach draußen. Das Erste, was nicht nur Edek, sondern auch seine Mithäftlinge taten, war, kräftig einzuatmen, nachdem sie die ganze Nacht nur wenig Sauerstoff bekommen hatten.

Alle mussten sich wieder bei ihren Arbeitskommandos einfinden und den ganzen Tag lang arbeiten. Edek hatte Glück. Sein Vorgesetzter Eduard Lubusch hatte Verständnis für seine Situation, deshalb teilte er ihn nicht nur an diesem Tag, sondern auch an den vier folgenden bloß für leichte Arbeiten ein.

In der zweiten Nacht war nur ein weiterer Häftling mit Edek im Bunker. Als er am Morgen aus dem engen Raum kroch, trat er ordnungsgemäß vor den wachhabenden SS-Mann und sagte: »Häftling Nummer 531 meldet sich zur Stelle!«

»Und der andere?«

»Ich dachte, er wär eingeschlafen. Doch er ist tot.«

Auch die drei folgenden Nächte war jeweils nur einer mit in der Zelle. Edek wurde immer schwächer, sackte oft zusammen und hatte zunehmend das Gefühl, keine Luft mehr zu kriegen. Die Gedanken an Mala retteten ihn. Sie gaben ihm Kraft, sich zumindest für kurze Zeit aufzurichten, nach der Luftöffnung zu recken und tief einzuatmen. So überstand er die Zeit.

Nach der fünften Nacht ging er nicht zu seinem Arbeitskommando, sondern zu seinem Freund Wieslaw.

»Du musst mich heute verstecken«, bat er ihn. »Ich kann nicht mehr, ich brauch einfach bloß ganz viel Schlaf!«

Wieslaw nickte. »Ich werde Lubusch benachrichtigen«, versprach er.

»Kannst du ...?« Edek brachte den Satz nicht zu Ende, denn seine Augen fielen ihm zu.

»Was soll ich?«, bohrte Wieslaw nach.

»Mala«, brachte Edek noch gerade heraus. »Kannst du ...?«

»Jetzt schlaf dich erst einmal aus, ich werde Mala eine Nachricht zukommen lassen.«

Edek hörte Wieslaws Stimme nur noch wie aus weiter Ferne, verstand aber kein Wort mehr. Doch er wusste, dass er sich auf seinen Freund verlassen konnte.

Er schlief den ganzen Tag und die ganze Nacht lang. Danach war er halbwegs wieder bei Kräften.

Sein größter Wunsch war, sich so bald wie möglich mit Mala zu treffen. Er wollte ihr zeigen, dass er sich nicht hatte unterkriegen lassen.

Aber Edek musste auch unbedingt mit Wieslaw reden. Sie mussten dringend über ihren Fluchtplan sprechen. Je länger er mit Mala zusammen war, desto weniger konnte Edek sich vorstellen, sie in der Hölle von Auschwitz zurückzulassen.

Wie sollte er seinen Freund von der Idee überzeugen, Mala mitzunehmen? Edek musste darüber nachdenken. Ohne Mala würde er das Lager jedenfalls nicht verlassen. Das stand für ihn fest.

MALA

Das Porträt

Zofia Stępień* war eine Frau, die schon in ihren Jugendjahren das Zeichnen und Malen für sich entdeckt hatte. Als ihre Heimatstadt Radom während des Zweiten Weltkriegs von den Nazis besetzt wurde, schloss sie sich der polnischen Widerstandsbewegung an. Sie wurde Verbindungsoffizierin zur Untergrundorganisation Graue Regimenter* und verteilte auch Untergrundzeitschriften. Ihre Aktivitäten wurden entdeckt und am 16. Oktober 1942 wurde sie in ihrer Wohnung verhaftet. Die Gestapo* verhörte sie monatelang, um die Namen weiterer Mitglieder der Organisation zu erfahren. Weil Zofia schwieg, landete sie im März 1943 im KZ Auschwitz-Birkenau.

Viele der weiblichen Mithäftlinge erkannten bald ihre künstlerischen Fähigkeiten und ließen sich von ihr zeichnen. Dabei porträtierte Zofia die Frauen nie so, wie sie vor ihr standen, kahl geschoren, abgemagert und in ihrer gestreiften Häftlingskleidung, sondern in Kostüm oder Rock und Bluse, mit langen Haaren, Locken, mit Lippenstift und Rouge auf den Wangen. Die Frauen waren stolz und glücklich, dass es jemanden gab, der in ihnen die Schönheit sah. Und Zofia wurde nicht müde, sie in allen Facetten zu zeigen.

»Ihr werdet sehen«, pflegte sie zu sagen, »wenn das hier vorbei ist, wenn ihr endlich wieder eure Lieblingssachen anziehen könnt und nicht mehr so abgemagert ausseht, werden euch die Männer scharenweise hinterherlaufen.«

Das waren Momente, in denen die Frauen Hoffnung schöpften. Sie wollten nicht nur überleben, sondern auch wieder leben! Mit allem, was dazugehörte. Lieben und geliebt werden, heiraten, Kinder haben. Würden diese Träume tatsächlich irgendwann Realität werden? Sie hofften es zumindest, auch wenn sie täglich den Tod vor Augen hatten und keine wusste, ob und wann es auch sie treffen würde.

Eines Tages kam Mala Zimetbaum zu der Frau. Zofia kannte sie bislang nur vom Sehen.

»Ich habe gehört, du kannst gut malen«, begann Mala zögernd. »Könntest du ein Porträt von mir zeichnen?«

Zofia schaute Mala an. Bei ihr würde sie gar nicht auf ihre Fantasie zurückgreifen müssen, um sich vorzustellen, wie Mala in normalen Zeiten außerhalb des Lagers aussehen könnte. Mala war nicht wie die anderen kahl geschoren, sie trug noch ihr volles Haar und bekam als Funktionshäftling offenbar auch mehr zu essen. Im Vergleich zu den anderen hatte sie eine gute Figur.

Zofia nickte.

»Das mache ich gerne. Dafür brauche ich aber Papier und Stifte.«

»Das sollte kein Problem sein«, antwortete Mala. »Die Sachen kann ich besorgen. Ich würde das Bild gern meinem Freund Edek schenken. Es soll eine Überraschung werden.«

»Ich mag Überraschungen«, strahlte Zofia. Dabei schaute sie Mala ins Gesicht und prägte sich schon mal die Form und die Stellung von Augen, Nase und Mund ein. Besonders fasziniert war sie von Malas Haarpracht.

Schon wenige Tage später hatte Mala die notwendigen Utensilien für das Porträt zusammen und übergab sie Zofia.

»Wie willst du das machen?«, fragte sie etwas unsicher, »muss ich jetzt hier Modell sitzen, bis du fertig bist?«

»Nein«, lächelte Zofia, »ich habe mir deinen Gesichtsausdruck eingeprägt. Wenn du in der nächsten Zeit ab und zu vorbeikommst, damit ich noch einmal nachschauen kann, dann genügt das.«

Mala freute sich und ging in den nächsten Tagen immer wieder zu Zofia, die aber nicht verriet, wie weit sie schon war, sondern sie nur jedes Mal ansah, um sich zu vergewissern, dass sie sich die Gesichtszüge richtig eingeprägt hatte.

Wenn Zofia an Malas Porträt arbeitete, fühlte sie sich leicht, fast unbeschwert. Wenn sie sich Malas Gesicht in Erinnerung rief, schien es voller Leben und Zuversicht. Sie freute sich, dass diese Frau noch nicht gebrochen war wie so viele andere, und sie konnte gut nachempfinden, dass ihr die Liebe zu Edek offenbar Hoffnung gab.

Mala strahlte und hatte Tränen in den Augen, als ihr Zofia das Bild übergab.

Eilig ließ sie Edek eine Nachricht zukommen, dass sie

Porträt Mala Zimetbaum von Zofia Stępień

sich gern mit ihm im Block 30 treffen würde. Es war das erste Mal nach den fünf Nächten, die er im Stehbunker hatte leiden müssen. Mala wollte ihm mit dem Porträt eine Freude machen. Ungeduldig wartete sie darauf, dass er kam, und er war pünktlich.

Auch Edek freute sich, Mala endlich wieder zu treffen. Er wollte sie in den Arm nehmen, sie küssen, doch Mala wehrte ihn vorsichtig ab.

Edek erschrak. Warum ließ sie seine Umarmung nicht zu? Nach dieser schlimmen Zeit im Bunker! Es hatte ihr doch sonst auch gefallen!

Plötzlich zog Mala unter ihrer Bluse eine Papierrolle hervor und überreichte sie ihm.

Er rollte sie auseinander und war sprachlos. Sein Kopf flog zwischen Mala und dem Bild hin und her.

»Woher ...?« »Wer hat ...?« »Wie ...?« Edek brachte keinen kompletten Satz mehr zustande.

Mala stand ihm gegenüber, sah ihn an und freute sich.

»Gefällt es dir?«, fragte sie.

»Gefallen?«, meinte er schließlich und machte eine Pause, bevor er weitersprach. »Gefallen? Das ist ein zu banales Wort für dieses Kunstwerk. Wer hat das gemacht?«

Mala erzählte ihm die ganze Geschichte und dann versank für die beiden die Welt um sie herum. Noch nie waren sie so glücklich gewesen wie an diesem Abend.

Edek konnte das Bild nicht einfach in seiner Unterkunft aufbewahren. Deshalb vertraute er es seinem Freund Wieslaw an, der ein sicheres Versteck fand.

EDEK

Schwieriges Geständnis

Die Flucht stand fest. Edek und Wieslaw hatten alle Details besprochen. Sie blieben bei ihrem Plan: Edek sollte die Uniform tragen und Wieslaw – mit einem Waschbecken über dem Kopf, um sein Gesicht zu verdecken – zu einem vorgegaukelten Installationsauftrag aus dem Lager führen. Sobald sie draußen wären, würden sie sich auf den Weg zu ihrem geplanten Ziel machen.

Als Zeitpunkt hatten sie einen Samstag im Juni 1944 vorgesehen, denn samstags waren viele SS-Männer in ihrer Wochenendfreizeit.

Wieslaw war aufgefallen, dass sein Freund Edek in letzter Zeit sehr nachdenklich wirkte. Er wollte aber nicht nachfragen. Wenn Edek etwas auf dem Herzen hatte, würde er es ihm bestimmt anvertrauen.

Und eines Abends fing Edek tatsächlich an zu reden.

»Jeden Tag treffen hier mehrere Transporte ein, Tausende stehen auf der Rampe und werden selektiert. Es sind Menschen aus Ungarn, ungarische Juden!«

Er machte eine Pause und schaute nachdenklich vor sich hin.

»Juden haben keine Chance, hier lebend rauszukommen. Es ist furchtbar«, fuhr er fort.

»Ich weiß«, pflichtete Wieslaw ihm bei. »Ich bekomm das ja auch mit. Umso besser, dass wir hier bald rauskommen und der Welt da draußen erzählen können, was in Auschwitz passiert!«

»Das stimmt, aber …« Edek brachte den Satz nicht zu Ende.

»Es gibt kein Aber, wir müssen hier raus!«

»Ja, aber ich habe dir auch gerade gesagt, dass Juden hier drinnen keine Überlebenschance haben. Und …« Wieder geriet er ins Stocken.

»Was ist denn? Jetzt red schon!«, forderte Wieslaw ihn auf.

»Mala ist Jüdin!« Endlich hatte er den Satz ausgesprochen. »Ich kann sie nicht allein hier zurücklassen. Ich käme mir schäbig vor. Ich bin ihr sehr zugetan.«

Wieslaw grinste über Edeks seltsame und etwas steife Formulierung. Warum sagte er nicht, dass er sie liebte? Wieslaw wusste doch Bescheid.

»Ein Leben ohne sie kann ich mir nicht vorstellen. Und draußen könnten wir wenigstens leben und müssten uns nicht mehr heimlich treffen.«

Endlich wurde Edek deutlicher, fand Wieslaw.

»Willst du sie etwa mitnehmen?« Er war überrascht von Edeks Andeutung. »Sie ist eine Jüdin und sie ist eine Frau! Ich bin nicht sicher, ob sie die vorgesehene Strecke von dreißig Kilometern am Tag schaffen wird.«

Wieslaw war skeptisch. »Kannst du dir den Hass der Menschen da draußen vorstellen, wenn sie erfahren, dass Mala Jüdin ist? Der Antisemitismus* tobt ungehemmt. Es ist ein großes Risiko, sie mitzunehmen, nicht nur für sie, auch für uns!«

»Sie ist stark, sie schafft das!«, hielt Edek dagegen. »Und außerdem beherrscht sie viele Sprachen, das kann uns helfen!« Er wollte nicht aufgeben. »Zu dritt werden wir draußen nicht auffallen, zwei Männer und eine Frau, da wird sich niemand Gedanken machen«, versuchte er weiter seinen Freund zu überzeugen. »Niemand wird vermuten, dass wir aus dem Lager geflohen sind. Mala hat langes Haar und unsere werden nach ein paar Tagen auch schon ein bisschen gewachsen sein. Wir werden ein normales Bild in der Landschaft abgeben. Drei junge Leute, die zu Fuß unterwegs sind, vielleicht in die nächste Stadt.«

Nun war es Wieslaw, der nachdenklich wurde. Unruhig lief er im Raum hin und her.

Plötzlich blieb er stehen und sah Edek an.

»Du wirst allein mit Mala fliehen, zu dritt schaffen wir das nicht. Das würde schnell auffallen!« Wieslaw sagte es sehr entschieden.

»Aber wieso denn, wir haben das doch alles zusammen geplant und nun kommt Mala einfach noch mit dazu! Wo ist das Problem?« Edek wäre nie auf die Idee gekommen, seinen Freund von der Flucht auszuschließen.

»Nein, Edek, es ist zu riskant, wenn wir zu dritt abhauen, aber wenn du meinst, Mala schafft das, dann werdet ihr fliehen. Ich hatte mich ohnehin schon gefragt, ob du Mala was von unserer Flucht erzählt hast und wie sie darauf reagiert hat.«

»Nein, ich habe noch nicht mit ihr darüber gesprochen, ich wollte das zuerst mit dir klären. Es ist ja schließlich unsere Flucht.«

»Ist deine Liebe zu Mala denn so groß, dass du auch mit ihr das Risiko eingehen willst?«

Edek nickte.

»Ja, Wieslaw, ich liebe sie, ich möchte mit ihr leben und sie auch mit mir.«

Wieslaw war Edeks Freund und wollte deshalb den beiden jungen Menschen nicht im Weg stehen. Darum blieb er bei seiner Entscheidung. Wenn ihre Flucht glückte, würde er der Nächste sein, der, zusammen mit Kameraden, das Abenteuer wagte.

MALA

Neuer Fluchtplan

Edek musste Mala in die Fluchtpläne einweihen, daran führte kein Weg vorbei. Würde sie zustimmen und mitkommen? Oder würde ihre Angst größer sein? Für ihn stand fest: Ohne Mala würde er das Lager nicht verlassen!

Bereits beim nächsten Treffen weihte er sie ein.

»Wieslaw und ich haben schon viele Monate über eine Flucht nachgedacht und auch die notwendigen Vorbereitungen getroffen.« Er schaute Mala an. »Wir haben eine SS-Uniform, die ich anziehen werde, und Wieslaw als Arbeiter, der ein Waschbecken trägt, aus dem Lager führen, um außerhalb einen Installationsauftrag zu erledigen.«

Edek erzählte bewusst noch nichts davon, dass Wieslaw ausgestiegen war. Er wollte sehen, wie sie auf den Plan reagierte.

»Was?« Mala schaute Edek mit weit aufgerissenen Augen an. Angst stand in ihrem Gesicht.

»Willst du mich allein hier zurücklassen?« Sie konnte es nicht fassen. Kopfschüttelnd schaute sie ihren Freund an.

»Nein«, gestand Edek, »das will ich nicht. Wir beide

werden allein fliehen, du wirst die Rolle von Wieslaw übernehmen.«

Mala atmete tief durch und schaute Edek in die Augen. Hatte sie sich verhört?

»Ich will doch Wieslaw nicht aus eurem Plan drängen. Er ist dein Freund und schließlich habt ihr diese Flucht gemeinsam geplant, euch auf das Leben draußen gefreut!« Mala war immer noch verwirrt.

»Wieslaw hat freiwillig verzichtet«, erklärte Edek, »du vertreibst niemanden. Wenn unsere Flucht gut verlaufen ist, will er schon wenige Tage später mit Kameraden nachkommen.«

Mala nickte. Erleichtert atmete sie auf.

»Ich hab in letzter Zeit große Angst«, gestand sie. »Jeden Tag kommen Tausende Menschen hier an und werden ins Gas geschickt, wo sie qualvoll sterben. Säuglinge, kleine Kinder, Mütter, Kranke, alte Menschen, niemand wird verschont. Ich muss das jeden Tag mit ansehen. Frauen, die im Frauenlager untergebracht wurden, weil sie noch kräftig sind und arbeiten können, weinen nach ihren Kindern, ihren Männern, ihren Familien, die alle hierhergebracht wurden. Sie sehen natürlich die Schornsteine und können sich denken, was dort passiert. Trotzdem haben sie die Hoffnung, dass ihre Liebsten verschont bleiben.«

Edek gegenüber konnte Mala ihre Angst offen zeigen. Und sie ließ es auch zu, dass ihr Tränen über die Wangen liefen.

»Wenn ich hierbleibe, werde ich mich sicher irgendwann auch in Rauch auflösen. Aber ich möchte nicht in der Gaskammer krepieren.«

Edek nahm sie in den Arm.

»Wir werden gemeinsam das Lager verlassen«, versprach er. »Es wird gelingen, und dann können wir endlich draußen mit unserem Leben beginnen! Mit unserem richtigen Leben! Niemand kann sich mehr zwischen uns stellen, uns etwas verbieten!«

Nachdem sich Mala ein wenig beruhigt hatte und ihre Tränen versiegten, erklärte er ihr den Fluchtplan so, wie er ihn mit Wieslaw entwickelt hatte – die Sache mit der SS-Uniform und die mit dem Waschbecken, das als Schutz dienen sollte, damit niemand sah, wer darunter steckte, und das angeblich im Außenlager Budy* installiert werden musste.

»Sobald wir die zweite Postenkette* um das Lager verlassen haben, beginnt unsere Flucht in die Freiheit.«

Edek erzählte ihr nicht, dass Wieslaw und er ursprünglich vorgehabt hatten, sich nach einer gewissen Zeit den in der Nähe lagernden Partisanengruppen anzuschließen. Das war jetzt auch nicht mehr von Bedeutung. Dafür erfuhr Mala, dass sie eine Schwester von Wieslaw, die in Zakopane lebte, unterstützen werde.

»Bevor wir dieses Lager hier hoffentlich für immer verlassen können«, sagte Edek nachdenklich, »brauchen wir einen Passierschein. Ohne den läuft nichts. Den muss ich vorzeigen, wenn wir durchs Tor gehen. Meinst du, du kannst so einen besorgen?«

Mala nickte.

Sie hatte zwar noch keine Ahnung, wie, doch das würde sich finden. Sie würde es auf jeden Fall versuchen.

Mala war nach dem Treffen mit Edek erleichtert. Sie schöpfte Hoffnung, das Lager lebend verlassen zu können.

Den Passierschein zu besorgen, war am Ende einfacher, als sie gedacht hatte. Aber Mala musste die Flucht auch für sich selbst planen. Bislang war sie immer die Zuverlässige gewesen, die Mala Zimetbaum, die stets ansprechbar war, alle Arbeitsaufträge zuverlässig erledigte, was ihr bei den SS-Bediensteten Anerkennung einbrachte. Sie war es, die sich fast nie krankmeldete und immer für ihre Mitgefangenen da war.

Solange sie noch da war, wollte sie auch weiterhin für sie da sein, doch sie musste Vorbereitungen treffen, dass am Tag der Flucht ihr Fehlen nicht sofort auffiel. Nur wenige Frauen, die sie für zuverlässig hielt, wollte sie in ihre Pläne einweihen.

Einige von ihnen hatten Bedenken. Mala habe im Lager eine gute Position, sie werde gebraucht, nicht nur von den Häftlingen, sondern auch von der Lagerleitung. Außerdem habe sie jetzt schon so lange nicht nur ausgeharrt, sondern überlebt, dass man davon ausgehen könne, sie werde auch das Ende des Lagers erleben. Sie selbst sei es doch gewesen, die die Nachricht von der Landung der Alliierten verbreitet habe. Wenn die Flucht scheitere, sei das auf jeden Fall ihr Tod.

Skeptisch waren sie auch, was den polnischen Antisemitismus betraf. Sie befürchteten, dass spätestens in dem Augenblick, wenn Mala als Jüdin erkannt würde, ihre Flucht ein jähes Ende nähme. Und: War die Liebe zu Edek dieses Risiko wert? Doch diese Gedanken behielten die Frauen für sich.

Ihren Mithäftlingen fiel auf, dass Mala in den folgenden Tagen bedrückt schien. Sie versuchten es darauf zurückzuführen, dass ihr die ständigen Selektionen und Morde womöglich noch näher gingen als ihnen. Der weitaus größte Teil der Opfer waren Juden, und Mala machte sich sicher Sorgen, irgendwann selbst in der Gaskammer zu enden.

Mala meldete sich in den nächsten Tagen und Wochen öfter mal krank. So würde es nicht so schnell auffallen, rechnete sie sich aus, wenn sie am Tag ihrer Flucht nicht zur Arbeit erschien.

Zu den Details über die geplante Flucht wusste sie noch zu wenig. Bei ihrem nächsten Treffen würde sie Edek bitten, ihr alles genau zu beschreiben, damit sie sich jeden Punkt einprägen konnte.

Auf jeden Fall wollte sie Dokumente nach draußen schmuggeln, die die Verbrechen im Lager eindeutig beschrieben. Wenn sie Bürodienst hatte, blätterte sie inzwischen gezielt Unterlagen durch, die sie mit auf ihre Flucht nehmen würde.

EDEK UND MALA

Bedenken und Warnungen

Zu ihrem nächsten Treffen mit Edek konnte Mala den notwendigen Passierschein schon mitbringen. Voller Stolz zog sie ihn unter ihrer Bluse hervor und streckte ihn Edek entgegen.

»Hier, das ist er!« Dabei strahlte sie übers ganze Gesicht. Doch schon im nächsten Moment änderte sich ihr Ausdruck.

»Was hast du? Warum siehst du auf einmal so traurig aus?«, fragte Edek.

»Ich mache mir Sorgen um all die Frauen, die ich zurücklassen muss.« Wieder liefen ihr Tränen über die Wangen. Wenn sie floh, würde sie die Selektionslisten und die Listen für die Arbeitskommandos nicht mehr manipulieren können, um Menschen zu retten. Das machte sie traurig. Doch die Zeit, die ihr blieb, wollte sie unbedingt nutzen.

»Er darf dich nicht mitnehmen«, hatte am Morgen noch eine Freundin gesagt, die in den Fluchtplan eingeweiht war. »Du wirst hier gebraucht! Und stell dir vor, eure Flucht misslingt, dann bist du schneller tot, als du glaubst!«

Auch Ester, eine weitere Mitgefangene, die Mala in ihre Pläne eingeweiht hatte, sprach sie an.

»Ich verbiete dir, von hier zu verschwinden! Sieh mich

doch an, was soll aus mir werden, wenn du nicht mehr da bist?«

Ester schaute verzweifelt.

Mala versuchte die Frau zu trösten. »Ich konnte dich von der Selektionsliste streichen«, flüsterte sie. »Außerdem habe ich dich noch einem Arbeitskommando zugeteilt, in dem du leichte Arbeiten haben wirst.«

Doch Ester ließ sich so leicht nicht beruhigen.

»Und wenn dir etwas passiert? Wenn du geschnappt wirst?« Sie war ernsthaft um Mala besorgt.

Mala nickte. »Ich weiß«, gestand sie, »aber es ist auf jeden Fall eine Chance! Wenn ich hierbleibe, werde ich ganz sicher im Rauch enden. Durch meine Flucht habe ich vielleicht eine Überlebenschance! Die will ich nutzen. Nicht nur für mich! Wir werden die Menschen draußen informieren, was hier geschieht!«

Viel wusste sie noch nicht über Edeks Plan. Wann würde es losgehen? Bei ihrem nächsten Treffen erfuhr sie mehr.

Edek sah Mala an, redete, erklärte, gestikulierte mit den Händen und strahlte. In Gedanken hatte er das Lager schon mit Mala verlassen, lief schon mit ihr über Felder und Wiesen. Aber Mala hatte noch keine Vorstellungen von draußen. Seitdem sie von der Flucht erfahren hatte, war der Gedanke zwar in ihrem Kopf, doch das Ganze schien sehr weit weg. Jetzt wurde es zum ersten Mal anders. Der Plan wurde konkret, sie kannte nicht nur die Fluchtroute, sondern erfuhr auch, wer noch beteiligt war und was sie zu tun haben würde.

EDEK UND MALA

Die Flucht

Der 24. Juni war ein heißer Sommertag, einer, wie sie ihn sich für ihre Flucht gewünscht hatten. Edek hatte in der Nacht tief und fest geschlafen. Er fühlte sich ausgeruht. Der Tag begann für ihn zunächst wie jeder andere: Er musste zu seinem Kommando.

Im Laufe des Vormittags wurde es noch heißer. Edek und Wieslaw konnten beobachten, wie sich SS-Männer schattige Plätze zum Ausruhen suchten.

Um die Mittagszeit gingen die beiden Freunde ins Frauenlager. Mala und zwei andere jüdische Frauen, die ebenfalls als Läuferinnen arbeiteten, saßen zwischen den Betten und hatten eine Landkarte vor sich ausgebreitet. Die beiden anderen Frauen deuteten mit ihren Fingern auf die slowakische Grenze. Wollten sie Mala überzeugen, diese Route zu nehmen und nicht die, die Edek mit Wieslaw geplant hatte? Nein, sie zeigten ihr nur verschiedene Möglichkeiten auf, in die Slowakei zu kommen.

Mala wirkte nervös, das merkte Edek sofort. Sie war auch ganz blass und jemand hatte ihr offenbar die schönen langen Haare gekürzt. Das war für die geplante Flucht sicher praktisch, doch irgendwie kam sie Edek völlig verändert vor.

Nun war es Zeit für Mala, von ihren beiden Freundinnen Abschied zu nehmen. Sie umarmten und küssten sich und keine von ihnen konnte die Tränen zurückhalten. Die beiden Frauen wünschten Mala viel Glück und hofften für sie, dass die Flucht gelingen möge.

»Sei bitte in fünfzehn Minuten in der Blockführerstube*«, sagte Edek zu Mala, als sie am Ausgang des Frauenblocks angekommen waren. »Dort wartet Jurek auf dich. Jurek ist einer von uns, er wird dir behilflich sein.«

»Ich weiß!«, nickte Mala. Sie hatte sich alle Details des Plans genau gemerkt.

Edek und Wieslaw verließen gemeinsam das Frauenlager. Nun war auch für sie der Zeitpunkt des Abschieds gekommen, denn ab sofort hatte jeder eine feste Aufgabe in dem Plan.

»Wir sehen uns wieder!«, sagte Wieslaw und versuchte, überzeugend zu klingen. Wie in einem Zeitraffer spulten sich die vielen gemeinsamen Erlebnisse mit Edek vor seinen Augen ab.

»Ja, wir sehen uns wieder ... in Freiheit!«, antwortete Edek und klopfte seinem Freund auf die Schulter.

Dann begann für ihn der erste Schritt der Flucht. Er konnte es kaum erwarten. Wie geplant ging er, in einer Hand seinen Werkzeugkoffer, zum nahe gelegenen Kartoffelbunker*. Mit einem schnellen Griff holte er einen Dietrich aus dem Kasten und öffnete damit die Tür.

Kurzes Durchatmen, die erste Hürde hatte er genommen. Als Nächstes zog er seine Arbeitskleidung aus, darunter hatte er schon die SS-Uniform an. Nun musste er warten, bis Jurek mit Mala die Straße entlangkam. Ungeduldig schaute er aus dem Fenster. Sie sollten doch längst da sein! Wo blieben sie nur? Warum dauerte das so lange? War etwas dazwischengekommen?

Er durfte mit dem Gesicht nicht zu nah ans Fenster, damit ihn von außen niemand sah. Edek schaute nach links, schaute nach rechts, er wurde nervös. Schließlich entdeckte er Wieslaw, der an dem verabredeten Ort bei den Kanalisationsrohren stand und Vermessungen vortäuschte. Er sollte Edek ein Zeichen geben, sobald er Mala mit Jurek sah.

Auch Wieslaw wirkte nervös, auch nach seiner Einschätzung schien mehr Zeit vergangen als vorgesehen.

Mala hatte zu dem geplanten Zeitpunkt ihren Weg Richtung Blockführerstube angetreten. Doch dann war ihr der SS-Mann Richard Perschel* entgegengekommen.

»Läuferin, was machst du denn hier?«, blaffte er Mala an.

Mala wusste vor Aufregung erst nicht, was sie antworten sollte. Mit dem Kopf deutete sie in Richtung der Blockführerstube und fing dann wortreich an zu erklären, welchen Auftrag sie angeblich hatte.

Perschel schaute sie noch einmal von oben bis unten an und schüttelte den Kopf. Neben dem Block stand sein Fahrrad, mit dem er sich langsam entfernte.

»Ich habe alles gesehen und gehört«, sagte Jurek, als Mala eintrat. »Wir müssen los!«

Mala nickte. Sie verschwand in einen Toilettenraum, um sich umzuziehen.

»Du musst dich beeilen, Mala, Edek wartet sicher schon!«, flüsterte Jurek von außen. Er verstand nicht, warum sie so lange brauchte. »Verdammt, was ist los? Brauchst du Hilfe?«

Mala öffnete die Tür.

»Du musst jetzt noch ein bisschen durchhalten, bald habt ihr es ja geschafft!«, sagte Jurek zu ihr.

Mala nickte wieder. Sie war so aufgeregt und fühlte sich ganz schwach und mutlos. Doch im letzten Moment aufgeben wollte sie nicht.

Sie trug jetzt die Arbeitskleidung eines Mannes. In dieser Häftlingskleidung sah sie vollkommen verändert aus. Doch nun kam der schwierigste Teil ihrer Rolle. Selbst in Männerkleidung würde man sie überall im Lager sofort erkennen. Deshalb brauchte es das Waschbecken. Für Wieslaw wäre das sicher ein Leichtes gewesen. Er war kräftig. Aber Mala?

Doch sie wollte es unbedingt schaffen. Sie hob das Becken an, stülpte es über den Kopf und war nun auf Jureks Hilfe angewiesen, der sie aus dem Gebäude zur Lagerstraße führen sollte.

Wieslaw war der Erste, der die beiden sah. Er gab Edek ein Zeichen, der schnell aus dem Kartoffelbunker herauskam und gemäßigten Schrittes zur Lagerstraße ging. Er musste nun ganz die Rolle eines SS-Manns erfüllen.

Sobald er die beiden erreicht hatte, blieben sie stehen. Jurek nahm, wie er es vor jedem echten SS-Mann auch getan hätte, seine Mütze ab, knetete sie mit beiden Händen vor der Brust und schlug die Hacken zusammen.

»Gut gemacht, Jurek«, sagte Edek und hätte ihn gerne zum Abschied umarmt. Doch er war ja jetzt einer von der SS.

»Viel Glück!«, wünschte Jurek den beiden.

Mala ging, wie es im Lager üblich war, einige Schritte vor ihrem Bewacher her.

»Halte durch!«, flüsterte Edek ihr zu. »Bald haben wir es geschafft!«

Mala ging aufrecht, sie fühlte sich stark genug.

Am Tor musste Edek den Passierschein vorzeigen. Das war reine Formsache. Der SS-Mann war mit einem Gefangenen zum Arbeitseinsatz im Außenlager Budy unterwegs, um dort das Waschbecken zu installieren. Alles klar.

»Bald sind wir durch!«, flüsterte Edek Mala zu. »Jetzt nur noch die große Postenkette*!«

Auch hier wurde der Passierschein kontrolliert und wieder wurden sie durchgewinkt.

EDEK UND MALA

Geschafft!

»Wir haben es geschafft!«, flüsterte Edek, als sie sich ein Stück von dem Wachposten entfernt hatten. »Aber wir müssen vorsichtig sein, noch ein Stück weiterlaufen, bevor du das Waschbecken in den Graben werfen kannst. Danach können wir endlich losrennen.«

Und dann war es so weit. Sie verließen die Straße, schlugen sich in ein Getreidefeld und Edek konnte Mala das schwere Becken abnehmen und fortwerfen. Mala zog ihre Häftlingskleidung aus und warf sie dazu.

»Ich kann nicht mehr«, flüsterte sie. »Lass uns wenigstens einen kurzen Moment ausruhen.«

Auch Edek war erschöpft. Die Anspannung hatte ihm zugesetzt.

Sie legten sich auf den Boden, schauten in den Himmel und atmeten tief durch. Waren sie wirklich raus aus dem Lager? Waren sie frei? War wirklich niemand mehr da, der sie bewachte, ihnen Befehle gab? Sie konnten es kaum fassen.

Schließlich fingen sie an zu lachen, Edek tastete nach Malas Händen, er zog sie zu sich heran, ihre Blicke trafen sich, und dann beugte sich Mala über ihren Freund und küsste ihn.

Niemand würde ihrer Liebe jemals wieder im Weg stehen. Was für ein wunderbarer Gedanke, was für eine großartige Vorstellung!

Auch Edek war glücklich, ein solches Strahlen hatte er bei seiner Freundin noch nie gesehen. Stundenlang hätte er mit ihr so daliegen und spüren mögen, was Freiheit bedeutete.

Doch er war auch Realist.

»Wir müssen los, wir müssen heute noch ein großes Stück Weg hinter uns bringen. Sicher wird man im Lager bald feststellen, dass wir geflohen sind. Und dann werden sie nach uns suchen. Wir sind erst kurz hinter Budy. Und wir müssen bis Kozy. Da treffen wir einen Bekannten, bei dem wir übernachten können.«

Sie zogen sich gegenseitig hoch, klopften den Staub aus ihrer Kleidung und schlugen die Richtung nach Kozy ein, zu der Kontaktperson Antoni Szymlak, die als Fliesenleger in Auschwitz arbeitete. Für die erste Nacht sollte er sie beherbergen. Von dort wollten sie weiter bis zur slowakischen Grenze.

Leicht fühlten sie sich, als sie über die Wiesen und Felder liefen. Wann hatten sie zuletzt so ein Glück empfunden?

Die erste Enttäuschung kam am Abend. Sie fanden Szymlaks Haus nicht und fragten sich im Ort durch. Es sprach sich schnell herum, dass Szymlak von einem SS-Mann gesucht werde, denn Edek trug immer noch die Uniform. Szymlak schien sich aus Angst zu verstecken, und letztlich war es ein Kollege des Fliesenlegers, bei dem sie unterkamen. Doch sollten Mala und Edek nicht in seinem Haus schlafen, das schien dem Mann zu riskant. Also schickte er Edek und Mala aus dem Dorf zu einem Heustadel, in dem sie die erste Nacht in Freiheit verbrachten.

Edek war sauer, dass sie Szymlak nicht angetroffen hatten. Es war vereinbart gewesen, dass er die Uniform ins Lager zurückbringen und Wieslaw übergeben sollte, damit auch er sich als SS-Mann verkleiden und fliehen konnte. Und Edek hätte von Szymlak Zivilkleidung bekommen sollen, das war die Absprache gewesen.

Edek ärgerte sich über die Unzuverlässigkeit des Mannes. Hoffentlich passieren nicht noch mehr Pannen!, dachte er.

Am nächsten Tag machten sie sich wieder auf den Weg. Sie fühlten sich ausgeruht und wirklich frei. Mal gingen sie Hand in Hand, mal rannten sie, weil sie die Freiheit auch körperlich spüren wollten, und wenn sie müde wurden, suchten sie sich einen sicheren Platz zum Ausruhen. Unterwegs ernährten sie sich von Obst, Beeren und Kräutern. Zu trinken fanden sie in den klaren Bächen, in denen sie auch Gesicht und Hände wuschen, und wenn weit und breit keine Menschenseele zu sehen war, zogen sie sich aus und badeten in dem kühlen Wasser.

Um Dörfer oder Städte machten sie einen großen Bogen. Sicher wurde längst die Nachricht verbreitet, dass zwei Häftlinge aus Auschwitz geflohen waren. Obwohl Edek noch die SS-Uniform trug, würde man ihn wegen der raspelkurzen Haare schnell als den geflohenen Häftling erkennen.

Trotzdem genossen sie jeden Atemzug.

»Jetzt wird alles gut!«, beschworen sie sich gegenseitig. »Jetzt beginnt unser richtiges Leben!«

Nicht nur, wenn sie erschöpft waren, blieben sie stehen, umarmten und küssten sich und strahlten einander an. Auch wenn sie sich einfach nach Nähe sehnten, blieben sie stehen und schauten sich an, als könnten sie ihr Glück gar nicht fassen.

»Meine Mally«, flüsterte Edek ihr ins Ohr. Er liebte sie, und er hätte sich niemals vorstellen können, Auschwitz ohne sie zu verlassen. »Wir gehören zusammen, für immer!«

In solchen Momenten drückte sich Mala fest an ihn. Sie war so froh, mit diesem Mann zusammen zu sein, auf den sie sich verlassen konnte. Seit ihrer ersten Begegnung hatte sie ihn geliebt. Und nun hatte er ihr auch noch das Leben gerettet.

Über eine Frage hatten sie sich vor der Flucht allerdings zu wenige Gedanken gemacht. Sie mussten, zumindest in der ersten Zeit, jede Begegnung mit Menschen unbedingt meiden. Aber wie sollten sie dann die vorgesehenen Strecken schaffen? Tagsüber konnte immer jemand unterwegs sein. Deshalb beschlossen sie, im Hellen einen sicheren Platz zum Ausruhen und Schlafen zu suchen und spätestens bei Einbruch der Dunkelheit loszugehen. Die Jahreszeit war wie geschaffen für ihren Plan. Die Tage verbrachten sie in schattigen Wäldern, die

Nächte waren angenehm kühl, also perfekt, um die langen Strecken zu gehen, ohne allzu schnell zu ermüden.

Am Samstagabend, dem Tag von Edeks und Malas Flucht, mussten die Frauen im Frauenlager zum Abendappell antreten. Das war nichts Außergewöhnliches. Und als festgestellt wurde, dass eine Gefangene – die Läuferin Mala Zimetbaum – fehlte, meinte die Rapportführerin Drechsel zunächst, Mala täusche eine Krankheit vor und wolle sich vor dem Appell drücken. Überall im Lager wurde nach ihr gesucht, doch niemand konnte sie finden.

Als sich herumsprach, dass auch ein Monteur, der oft im Frauenlager arbeitete, geflohen war, wurde die Drechsler wütend. Aber die tausend Frauen, die immer noch zum Abendappell vor ihrem Block standen, freuten sich, dass einer von ihnen die Flucht gelungen war. Die erste Jüdin, die es gewagt und geschafft hatte!, jubelten viele innerlich. Nur die wenigsten wussten von der Beziehung zwischen Edek und Mala, und die freuten sich ganz besonders und hofften, dass die zwei für immer der Hölle von Auschwitz entkommen waren.

Auch der Appell bei den Männern zog sich endlos hin, ohne dass die Gefangenen aber den Grund dafür kannten. Erst nach vielen Absprachen in der Lagerleitung wurde Alarm ausgelöst, dass zwei Häftlinge geflohen seien. Telegramme wurden an alle deutschen Kontrollpunkte verschickt.

Wieslaw hoffte, dass seinem Freund Edek und Mala die Flucht gelungen war. Nun wartete er auf die Uniform, die

Antoni Szymlak ihm bringen sollte und mit der er selbst, als SS-Mann verkleidet, fliehen wollte.

Doch Szymlak kam nicht. Dafür brachte ihm dessen Kollege Józek eine Nachricht. Er nahm ein zusammengefaltetes Zettelchen aus seiner Mütze und reichte es ihm. Ungeduldig faltete Wieslaw es auseinander und las: *Wir sind ohne Hindernisse durchgekommen. Mala hat das Waschbecken einige Kilometer getragen, bis wir hinter Budy waren. Dort haben wir es im Getreide liegen lassen, ebenso wie Malas Männerkleidung. Über Felder gelangten wir bis Sonnenuntergang nach Kozy. Übernachtet haben wir am Rande des Dorfes in einem Heuhaufen. Mala geht es gut, nur ihre Arme schmerzen. Am Abend gehen wir weiter.*

Wieslaw las die Nachricht noch ein zweites Mal. Offensichtlich hatten sie Szymlak nicht getroffen, und das war wohl auch die Erklärung, wieso die Uniform noch nicht zurück war.

Wieslaw freute sich über die gelungene Flucht. Gleichzeitig überkam ihn eine tiefe Traurigkeit, weil er für sich nun keine Möglichkeit mehr sah, aus dem Lager zu fliehen.

EDEK UND MALA

Gefangen

Wie lange waren sie jetzt schon unterwegs? Acht Tage? Neun Tage? Zehn Tage? Edek und Mala hatten aufgehört zu zählen. Sie waren frei und genossen jede Stunde, die sie gemeinsam verbringen konnten.

»In einem kleinen Dorf würde ich gern mit dir leben«, sagte Mala einmal völlig unvermittelt. »Dort würden wir zur Ruhe kommen und könnten Kraft schöpfen für unsere Zukunft.«

Edek nahm sie freudig in den Arm.

»Das werden wir«, versprach er. »Dort werden wir unsere Träume verwirklichen.«

Sie hatten inzwischen schon eine weite Strecke hinter sich gebracht, die Stadt Zywiec umrundet und liefen durch die Beskiden in Richtung slowakischer Grenze.

»Bald haben wir es geschafft!«, munterte Edek Mala auf, und Mala nickte lächelnd. Sie war müde, sie war erschöpft, aber glücklich.

Unbeschwert machten sie sich in den frühen Abendstunden wieder auf ihren Weg. Bald würden sie die Grenze zur Slowakei erreichen und dort erst mal in Sicherheit sein.

Doch dann geschah etwas Unvorhergesehenes. Mala

wollte als Erste die slowakische Grenze überschreiten, lief voraus, aber in die falsche Richtung. Sie entdeckte die Posten der Grenzpolizei zu spät und hatte keine Chance mehr, auszuweichen und zu fliehen. Mala saß in der Falle. Alles kam zu plötzlich, um schnell eine passende Ausrede zu finden.

Als Edek, der ein gutes Stück hinter ihr lief, sah, wie seine Freundin verhaftet wurde, stellte er sich den Grenzpolizisten. Er wollte Mala auf keinen Fall alleinlassen.

Die Polizisten nahmen sie fest und führten die beiden zum Verhör in ein nahe gelegenes Gebäude.

Weil Edek und Mala ihre Identität nicht preisgaben, hielt man sie anfangs für Deserteure, denn Edek trug ja eine SS-Uniform. Bestimmt hatte er vorgehabt, sich mit seiner Frau oder Freundin abzusetzen.

Die beiden wurden in das Gefängnis von Bielsko gebracht. Auch hier fragte man sie nach ihrer Identität. Und auch hier schwiegen sie. Die SS-Männer behandelten die zwei außergewöhnlich zuvorkommend. Mala boten sie sogar Kaffee und Kuchen an, um sie gesprächig zu machen. Natürlich wussten die SS-Männer inzwischen, dass es sich bei den Festgenommenen um die Geflüchteten aus Auschwitz handelte. Die Verhöre galten deshalb auch mehr der Frage, wie die beiden es geschafft hatten, das doch so gut bewachte Lager unbemerkt zu verlassen. Auch die Frage, wer Edek die Uniform besorgt hatte, interessierte sie. Wer steckte dahinter? Gab es undichte Stellen innerhalb der SS? Wer hatte das Ganze organisiert? Wer hatte von ihrer Flucht gewusst? Edek und

Mala sollten Namen nennen, doch sie schwiegen weiter. Sie würden niemanden verraten, das stand für sie fest.

Nach den anfänglich zivilisierten Befragungen wurden die SS-Männer jetzt strenger. Sie knöpften sich Edek vor.

»Wer hat dir die Uniform besorgt?«, brüllten sie ihn an.

Edek blieb ruhig und schwieg.

»Wir können auch härtere Maßnahmen ergreifen!« Der SS-Mann, der die Fragen stellte, bekam rote Wutflecken im Gesicht.

Weil Edek immer noch schwieg, wurde er auf eine Pritsche gezerrt. Die Schuhe wurden ihm ausgezogen und einer der Männer, ein großer und kräftiger Kerl, schlug mit einer Eisenstange auf Edeks Fußsohlen.

Ein Schmerz, wie er ihn nie zuvor erlebt hatte, durchzuckte Edek, er schrie kurz auf, dann presste er die Lippen zusammen.

»Sag mir, wer es war?«, brüllte der SS-Mann.

Aber Edek blieb bei seinem Vorsatz. Er schwieg auch, als man ihm weitere Schläge zufügte, und hoffte nur, dass die Männer Mala nicht den gleichen Torturen aussetzen würden. Doch er traute der SS alles zu.

Von Schmerzen gepeinigt, landete er irgendwann wieder in seiner Zelle. Er versuchte die Schmerzen zu unterdrücken. Manchmal gelang es ihm sogar. Dann dachte er an Mala und an die Tage, die sie zusammen verbracht hatten. Ein Gefühl von Dankbarkeit kam in ihm auf. Doch er hatte auch Angst um sie. Angst, dass man auch sie quälen würde, um ihr Schweigen zu brechen.

Edek fragte sich, was wohl weiter mit ihnen geschehen würde. Ob man sie zurück nach Auschwitz brachte. Und dann? Würden sie gehängt werden? Konnte es auch eine mildere Strafe geben? Hatten sie eine Chance, am Leben zu bleiben? Er ahnte, was ihnen beiden bevorstand. Doch er bereute nichts. Wenn die Tage, die er mit Mala in Freiheit, aber auch vorher in Auschwitz hatte verbringen dürfen, ihre einzige gemeinsame Zeit gewesen sein sollten, dann war er dankbar für jeden einzelnen Tag, jede einzelne Stunde. Nie mehr würde er sich irgendwelchen Befehlen der Deutschen unterwerfen. Das stand für ihn fest.

Auch Mala wurde befragt. Stunde um Stunde stellte der SS-Mann die immer gleichen Fragen, die Mala nicht beantwortete. Körperliche Gewalt wandten sie bei ihr nicht an, dafür drohten sie ihr, sie nach Auschwitz zurückzuverlegen.

»Ich kenne das Lager«, hielt sie dem SS-Mann entgegen. »Ich war lange genug da, um mir vorzustellen, was mit mir geschehen wird.«

Mala machte einen zufriedenen Eindruck, was den SS-Mann in Staunen versetzte. Sie dachte an Edek, an die gemeinsame Zeit mit ihm, an die Stunden und Tage, in denen sie glücklich gewesen war. In dem SS-Mann vor ihr sah sie nur eine Marionette, die funktionierte, wenn jemand am Faden zog. Etwas Menschliches konnte sie in ihm nicht entdecken. Wo war sein Gewissen, wo waren seine Gefühle? Hatte er überhaupt welche? Den Menschen, der er vielleicht mal gewesen war, hatte er offenbar aufgegeben, als er die Uniform anzog.

Die Nachricht über die Verhaftung von Edek und Mala wurde in der Lagerleitung von Auschwitz schnell bekannt. Oberscharführer* Wilhelm Boger* jubelte.

»Dafür werden sie büßen!«, sagte er allen, die es hören wollten, und rieb sich die Hände. Er würde höchstpersönlich die Befragung der beiden durchführen.

Das Reichssicherheitshauptamt in Berlin wie auch das dortige Wirtschafts- und Verwaltungshauptamt wurden über Edeks und Malas Festnahme informiert. Beide Personen seien, so hieß es in dem Telegramm, »am 6. Juli 1944 wiederergriffen und in das hiesige Lager rücküberstellt« worden. Gleichzeitig wurden die lokalen Behörden aufgefordert, die Fahndung nach Edek Galinski und Mala Zimetbaum zu löschen.

Auch unter den Gefangenen in Birkenau verbreitete sich die Nachricht von Edeks und Malas Festnahme wie ein Lauffeuer. Was würde mit ihnen geschehen? Würde man sie hierher, nach Auschwitz, zurückbringen? Und dann? Niemand wagte sich die Strafe für ihre Flucht vorzustellen.

Besonders besorgt war natürlich Edeks Freund Wieslaw. Nachdem in den letzten Tagen auch einige andere Häftlinge geflohen waren, hatte man in der politischen Abteilung der SS beschlossen, keine Gnade mehr walten zu lassen. Oberscharführer Wilhelm Boger war bekannt für seine brutalen Verhörmethoden.

Wieslaw fürchtete, dass man die Todesstrafe verhängen würde. Etwas anderes konnte er sich unter der neuen harten Linie der Lagerverwaltung nicht vorstellen, auch wenn er insgeheim hoffte, man würde die beiden »nur« zur Arbeit in eine Strafkompanie stecken. Das wäre auch hart und unmenschlich, aber sie blieben dann weiter am Leben und würden vielleicht sogar überleben.

Mala Zimetbaum und Edek Galinski wurden im Block 11* des Stammlagers Auschwitz in Einzelzellen gesperrt. Dieser Block wurde von den Gefangenen als »Todesblock« bezeichnet, weil hier Gerichtsverhandlungen im Schnellverfahren durchgeführt und die Gefangenen unmittelbar nach der Urteilsverkündung an der Todeswand hingerichtet wurden.

EDEK UND MALA

Block 11

Mala und Edek wurden täglich, getrennt voneinander, aus ihren Zellen geführt und zum Verhör gebracht. SS-Oberscharführer Wilhelm Boger von der politischen Abteilung führte die Befragungen durch.

Jenny Spritzer*, eine Häftlingsfrau, die in der Abteilung als Sekretärin arbeiten musste, wunderte sich darüber, dass Boger, ganz im Gegensatz zu seinen sonstigen Gepflogenheiten, sehr freundlich mit den beiden Häftlingen umging. Spritzer bekam einmal auch ein Gespräch mit, das Mala mit einer anderen Häftlingsfrau führte, als sie auf ihre nächste Befragung wartete.

»Ich bekomme jeden Tag zu essen und zu trinken in Hülle und Fülle, von daher geht es mir ganz gut. Sorgen mache ich mir allerdings um Edek. Ich weiß nicht, ob er auch so gut behandelt wird wie ich.«

Schließlich wurde sie zu ihrem Verhör in den Raum geführt, in dem Boger schon saß. Auch jetzt wunderte sich Jenny Spritzer, dass Boger Mala einen Stuhl anbot. Das war ungewöhnlich, sonst wurden Häftlinge immer im Stehen befragt.

»Wieso bist du geflohen? Du hattest es doch gut hier. Du warst als Läuferin in einer sicheren Position. Ich verstehe das nicht!« Boger schüttelte den Kopf. »Erklär es mir!«

»Ich wollte frei sein«, begann Mala, »mich nicht mehr heimlich mit meinem Freund treffen müssen, den ich liebe. Das ist die eine Seite.«

Boger schaute sie mit großen Augen an.

Sie atmete tief durch, ehe sie weiterredete.

»Gleichzeitig wollte und konnte ich nicht mehr mit ansehen, wie täglich Tausende Männer, Frauen und Kinder in die Gaskammern geführt und dort ermordet werden.«

Jenny Spritzer musste schlucken. Mala hatte wirklich Mut, diesem SS-Oberscharführer die Wahrheit zu sagen.

»Aber das stimmt doch nicht!«, hielt Boger ihr entgegen. Seine Stimme klang ganz sachlich, auch als er fortfuhr: »Wir entledigen uns hier allenfalls einiger Alter und Kranker, die nicht mehr arbeiten können!«

»Seit wann sind Kinder, junge Mütter, Frauen und Männer im besten Alter nicht mehr arbeitsfähig oder krank? Ich hab es doch jeden Tag gesehen! Wenn die Züge ankamen, wurden nur wenige zum Arbeiten selektiert, die meisten Menschen wurden sofort in die Gaskammern geführt!«

»Das stimmt doch alles nicht! Das sind falsche Informationen, die du vielleicht irgendwo aufgeschnappt hast. Vergiss das! Jede und jeder, der arbeiten kann, bekommt hier Gelegenheit dazu!«

»Ich will Sie nicht belehren, aber als Läuferin habe ich in Birkenau sehr viel gesehen. Wenn die Gaskammern nicht mehr Leute fassen konnten, mussten die Menschen in dem kleinen Birkenwäldchen in der Nähe warten. Männer, Frauen und Kinder. Und worauf? Auf ihre Ermordung! Sie wussten es nur nicht, sie waren ahnungslos. Es lag jenseits ihrer Vorstellung, dass man sie umbringen könnte!«

»Jetzt mach aber mal einen Punkt!«, fauchte Boger Mala zum ersten Mal an. »Das ist alles falsch, was du mir da erzählst.«

»Und weil die Krematorien nicht mehr sämtliche Toten aufnehmen konnten, warf man sie in Verbrennungsgruben!« Auch das musste Mala noch loswerden.

»Lüge!«, unterbrach sie Boger. »Alles Lüge!« Jetzt brüllte er richtig laut.

Jenny Spritzer bewunderte insgeheim Malas Standhaftigkeit, auch wenn sie es nicht zeigen durfte.

Wilhelm Boger war wütend und wusste, dass er in der bisherigen Form mit seiner Befragung nicht weiterkam. Er nahm sich vor, härter vorzugehen und sich nicht länger von dieser Jüdin an der Nase herumführen zu lassen. Was im Stammlager und in Birkenau passierte, das musste ihm niemand erklären. Nur er wusste, was dort geschah. Alles andere war eine Lüge.

Als Nächstes versuchte er herauszufinden, ob es irgendwelche Hintermänner gab, die ihr und auch diesem Edek zur Flucht verholfen hatten. Mit der Antwort, die er bekam, hatte er nicht gerechnet.

»Wir sind geflüchtet, weil wir endlich frei sein und den täglichen Terror, der gegen die Häftlinge verübt wird, nicht mehr ertragen wollten!«

Boger war fassungslos. Schließlich war er der SS-Oberscharführer in der politischen Abteilung und sie bloß ein jüdischer Häftling! Respekt hatte sie ihm zu zollen und nicht solche Sätze in die Welt hinauszuposaunen! Welche Vorstellungen hat dieser Untermensch schon von unseren Plänen? Von den Plänen der Herrenrasse!, tobte er innerlich. Nichts wusste sie! Gar nichts!

Die erste Befragung von Edek verlief zunächst so wie bei Mala. Auch von ihm wollte Boger wissen, warum er geflüchtet war.

»Ich wollte endlich frei sein«, gestand Edek, »ich wollte mich nicht mehr unterordnen müssen, nicht mehr täglich Angst um meine Freundin Mala haben, sie könne mit anderen in die Gaskammer geführt werden. Sie ist Jüdin, und ich weiß, was mit den Juden in Auschwitz geschieht!«

»Aber du hattest doch eine gute Arbeit, du konntest dich hier frei bewegen. Man war doch sehr zufrieden mit deinem Einsatz. Ich verstehe nicht, wieso du trotzdem das Risiko eingegangen bist, das Lager zu verlassen?« Boger schüttelte den Kopf.

»Mehr kann ich dazu nicht sagen. Ich hatte Angst um meine Freundin und wollte mit ihr frei sein. Aber auch täglich mit ansehen zu müssen, wie Tausende Menschen zu den Krematorien geführt werden, ist nicht spurlos an mir vorübergegangen.«

»Wieder so eine verdammte Lüge!«, polterte Boger. »Das werde ich dir noch austreiben, so einen Schwach-

In diesem Zellentrakt wurden Edek und Mala gefangen gehalten. Er befindet sich im Keller des Blocks 11.

sinn zu behaupten! Wer hat dir zur Flucht verholfen? Wer hat dir die Uniform besorgt?«, fragte er erregt weiter.

Edek sah Boger in die Augen und schwieg.

»Nun red schon!«, forderte der SS-Mann ihn auf. »Es kann doch nur zu deinem Vorteil sein, wenn du jetzt dein verdammtes Maul aufmachst!« Bogers Gesicht verzog sich zu einer Grimasse.

Edek blieb regungslos sitzen und sah ihn weiter an. Niemals würde dieser Kerl etwas von ihm erfahren! Seine einzige Sorge galt Mala. Was werden sie ihr antun, wenn man ihr die gleichen Fragen stellt und sie schweigt? Er war sicher, dass auch sie keine Namen nennen würde.

Weil Edek und Mala sich auch bei den folgenden Verhören weigerten, die Namen von Fluchthelfern zu nennen, griff Boger schließlich zu härteren Maßnahmen. Jenny Spritzer erinnerte sich später, Edek einmal nach einem von Bogers Verhören getroffen zu haben.

»Sein Auge war zugeschwollen, er blutete am Kopf, seine ganze Kleidung war mit Blut beschmiert und seine Jacke auf dem Rücken zerrissen, gerade so, als habe man ihn ausgepeitscht. An seinen Füßen hatte er keine Schuhe. Doch er ging aufrecht. Als er mich sah, lächelte er mich an und bat mich, Mala von ihm einen Kuss zu geben.«

Tag für Tag wurde jetzt Edek von Boger befragt. Es waren immer die gleichen Fragen und Edek schwieg. Boger wurde immer wütender und prügelte auf Edek ein. Edek schwieg.

Wenn er zurück in seiner Zelle war, setzte er sich in eine Ecke, stützte den Kopf in beide Hände und schien nachzudenken.

Ein Mithäftling, der mit ihm die Zelle teilte, erinnerte sich später, dass Edek aber schon bald wieder aufstand, sich an die Wand stellte und mit den Fingernägeln seinen

Inschrift in der Zelle, in der Edek gefangen war, sie ist heute noch zu sehen.

und Malas Namen sowie ihre Häftlingsnummern in die Wand ritzte.

»Das ist eine Erinnerung für spätere Zeiten. Alle sollen sehen, dass ich hier in der Zelle eingesperrt war!«

Abends, wenn keine Verhöre mehr stattfanden und es ruhig war in Block 11, nahm Edek Kontakt zu Mala auf. Die Zellentür hatte eine kleine Lücke zwischen zwei Holzbrettern, einen schmalen Spalt. Er stellte sich dicht davor und fing an eine Melodie zu pfeifen. Kurz darauf hörte er, wie Mala ihm mit einer anderen Melodie antwortete.

Edeks Mitgefangener erinnerte sich, dass es schöne Melodien waren. Es seien, so erfuhr er von Edek, italienische Liebeslieder. Für die Zeit, in der sich die beiden gegenseitig die Melodien zupfiffen, habe auch für ihn der Block sein Grauen verloren.

Weil sich Mala ebenso konsequent weigerte wie Edek,

Namen von Fluchthelfern zu nennen, griff Wilhelm Boger auch bei ihr immer härter durch. Er schlug zu, wenn ihm Antworten nicht passten oder wenn sie schwieg. Beim ersten Mal schlug er mit den Händen, dann realisierte er, dass sie Jüdin war und benutzte den Schlagstock. Er wollte sich ja nicht die Hände mit Judenblut beschmutzen.

Bald war auch Mala von den Folterungen körperlich gezeichnet, blieb aber trotzdem standhaft.

Einmal, wenige Minuten vor einem neuen Verhör, stand sie am offenen Fenster und sah nach draußen. Ein paar Frauen waren dort und schauten zu ihr hinüber. Es war streng verboten, eine Gefangene, die auf dem Weg zum Verhör war, anzusprechen. In ihren Erinnerungen beschrieben die Frauen Mala später als eine immer noch gut aussehende Frau mit schönen Haaren und dieser hohen Stirn. Spuren von Misshandlungen seien aber deutlich zu sehen gewesen.

Eine der Frauen wagte es schließlich doch, Mala kurz anzusprechen.

»Wie geht es dir?«, fragte sie.

»Mir geht es immer gut!«, antwortete Mala in überzeugendem Ton.

Ein anderes Mal, auch unmittelbar vor einem Verhör, fragte eine Mitgefangene Mala, ob sie denn nichts bereue.

»Nein!«, antwortete Mala entschieden. »Ich würde es wieder tun, wenn ich die Gelegenheit hätte. Es waren für mich drei sehr glückliche Wochen da draußen!«

Einmal schaffte es Mala sogar, eine Nachricht aus ihrer

Zelle zu schmuggeln. »Ich weiß, was mich erwartet. Ich bin auf das Schlimmste vorbereitet. Seid tapfer und vergesst nichts!«

Es war ein vielfach zusammengefalteter Zettel, der bald im Frauenlager die Runde machte.

EDEK UND MALA

Nächtliche Treffen

Der Kalfaktor* Jakób Kozelczuk, ein Funktionshäftling, der für die Aufsicht im Bunker zuständig war, hatte großen Respekt vor Edek und Mala, weil sie ihrer Haltung treu blieben. Er wollte nicht einfach nur Zuschauer sein und mit ansehen müssen, wie die beiden tagtäglich misshandelt wurden. Er wollte etwas für sie tun.

Kozelczuk hatte die Schlüsselgewalt im Block 11 und damit auch Zugang zu den Zellen. Eines späten Abends schloss er die Tür zu Edek auf und winkte ihn zu sich.

»Wenn du keinen Ärger machst, lasse ich dich jetzt zu deiner Freundin«, flüsterte er.

Edek wusste nicht, wie ihm geschah. Zu Mala? Er sollte seine Mally wiedersehen können?

Edek wäre Jakób Kozelczuk fast um den Hals gefallen. Doch der winkte ab.

»Kein Aufstand, kein Laut, sonst geht es nicht!«, zischte er dem Gefangenen zu.

Edek nickte, er hatte verstanden. Jakób ging ein großes Risiko ein.

Es waren nur wenige Schritte zu Malas Zelle. Als Jakób die Tür öffnete, starrte Mala die beiden Männer verwirrt und mit offenem Mund an.

Sie war entsetzt, als sie Edek erkannte. Wie sah er bloß aus? Was hatten sie mit ihm gemacht?

»Eine halbe Stunde«, sagte Jakób, schob Edek zu ihr in die Zelle und schloss wieder ab.

»Mala«, flüsterte Edek, nahm seine Freundin in den Arm und küsste sie. »Mala, wie geht es dir?«

»Jetzt geht es mir besser«, flüsterte sie ihm ins Ohr. »Ich habe mich so nach dir gesehnt!«

»Ich habe mir so viele Sorgen um dich gemacht. Hat man dich auch ...?« Er brachte den Satz nicht zu Ende. Mala nickte nur.

»Aber ich bereue nichts«, setzte sie gleich hinzu. »Es waren die drei schönsten Wochen in meinem Leben, als wir draußen waren.«

»Für mich auch«, gestand Edek. »Doch was wird jetzt aus uns?«

Mala hob die Schultern.

»Ich weiß es nicht«, sagte sie leise, »ich weiß es nicht. Vielleicht wird man uns erschießen oder hängen, oder wenn wir Glück haben, kommen wir vielleicht in eine Strafkompanie. Aber ehrlich gesagt rechne ich nicht damit. Ich bin auf alles vorbereitet.«

Edek staunte, dass Mala so ruhig und gefasst war. Auch er rechnete mit dem Schlimmsten.

»Will Boger von dir auch wissen, woher wir die Uniform haben?«, fragte er.

Mala nickte. »Von mir hat er aber nichts erfahren.«

»Von mir auch nicht. Doch jetzt, wo wir zusammen sind, können wir unsere Aussagen abstimmen.«

»Ja, das wär gut«, sagte Mala. »Dann können wir sie auf eine falsche Fährte setzen.«

»Wie meinst du das?«

»Nun, wenn ich gefragt werde, wie ich geflohen bin, könnte ich sagen, dass ich auch eine SS-Uniform hatte. Dann würden sie keine Häftlinge mehr als Helfer verdächtigen, sondern müssten bei ihren eigenen Leuten nachforschen. Ich hatte ja zu ihnen allen Kontakt.«

»Kluge Mala«, freute sich Edek und nahm sie in den Arm. Sie schmiegten sich aneinander, wollten sich gar nicht mehr loslassen.

Doch dann hörten sie den Schlüssel in der Zellentür.

»Die halbe Stunde ist leider um«, sagte Jakób. »Es muss ja aber nicht bei diesem einen Mal bleiben«, fügte er noch hinzu und sah zu den beiden hinüber, wie sie sich an den Händen hielten.

Edek und Mala schauten sich noch einmal an, nahmen sich in den Arm. Es tat gut, sich zu sehen und miteinander reden zu können, das spürten sie ganz deutlich. Und wenn Jakób Wort hielt, konnten sie sich vielleicht ja noch öfter sehen.

Jakób hielt tatsächlich Wort. In den folgenden Wochen schlich er sich, wenn die Luft rein war, in den Keller und führte Edek in Malas Zelle.

Sie wussten nicht, wie viele Wochen ihnen noch blieben. Oder vielleicht auch nur Tage. Sie wollten es auch gar nicht wissen. Nur der Augenblick zählte. Dass sie zusammen sein konnten. Sonst nichts.

EDEK UND MALA

Nachrichten

Manchmal gelang es Edek und Mala, Nachrichten nach draußen zu schleusen. Es waren meist keine schriftlichen oder mündlichen Botschaften, oft genügte ein einfaches Kopfnicken oder Augenzwinkern.

Wenn Edek nach einem Verhör bei Boger auf dem Flur Mithäftlinge traf, schauten sie sich nur kurz an, mehr brauchte der andere nicht. Wenn er sah, wie Edek zugerichtet war, wusste er, dass er geschwiegen hatte. An anderen Tagen genügte ein leichtes Kopfnicken.

Bei den Verhören von Mala waren oft Frauen dabei. Mal eine Schreiberin, mal eine Dolmetscherin, die aber nicht zum Übersetzen hinzugezogen wurde, sie sollte einfach nur dabei sein, um zu sehen und weiterzuerzählen, was mit Leuten passierte, die geflüchtet waren. Es waren reine Abschreckungsmaßnahmen. Aber auf diese Weise erfuhren die draußen auch, wie es um Mala stand und dass sie sich weiter treu blieb.

Einmal gelang es ihr sogar, einen Zettel mit einer Nachricht nach draußen zu schmuggeln. Heimlich hatte Jenny Spritzer ihr ein Stück Papier und einen Stift in die Hand gedrückt, als sie das Verhör bei Boger verließ. Mala forderte die Frauen auf, nichts zu vergessen und durchzuhalten. Klein zusammengefaltet gab sie den Zettel bei nächster Gelegenheit Jenny zurück.

Alle Nachrichten wurden unter den anderen Häftlingen im Lager von Block zu Block weitergegeben.

So erfuhr Wieslaw, dass Edek tatsächlich standhaft geblieben war und selbst unter Bogers brutalen Foltermethoden schwieg.

Wieslaw war froh, wenigstens ab und zu etwas über seinen Freund zu erfahren. Es war nicht nur die Angst, Edek könnte unter Folter vielleicht doch noch reden, vielmehr wollte er wissen, wie es seinem Freund in der Zelle ging.

Gleichzeitig fühlte er sich seit Edeks und Malas Ergreifung sehr müde und unentschlossen. Hatte er nach ihrer Flucht noch die feste Absicht gehabt, zusammen mit ein paar anderen aus dem Lager zu fliehen, war er inzwischen unsicher. Seine Freunde drängten ihn mitzukommen, denn die Situation im Lager spitzte sich immer mehr zu.

Aber aus der politischen Abteilung war von den strengeren und härteren Maßnahmen gegen Geflohene und ihre Helfer zu hören, das machte ihm Angst. Besonders fürchtete er sich vor Bogers berüchtigter Schaukel*. Fast jeder fing an zu reden, wenn er an dieser Stange hing.

Wieslaw verlor den Mut.

Deshalb konnte er sich nicht dazu durchringen, mitzukommen, als seine Freunde eines Nachts flohen. Am nächsten Tag war er sogar froh darüber, denn als die Häftlinge wie üblich am Morgen zur Arbeit ausrücken mussten, sah er seine Freunde am Lagertor liegen. Alle waren tot. Erschossen.

Eine Nachricht in die Zelle reinzuschmuggeln, war ungleich schwerer als raus. So erfuhr Mala nicht, dass am zweiten August wieder ein Transport aus Mechelen in Auschwitz-Birkenau eingetroffen war. In diesem Transport war ihr früherer Verlobter, Charles Sand, gewesen, der sich lange Zeit in Brüssel unter falschem Namen verstecken konnte. Er war denunziert, verhaftet und mit einem der nächsten Transporte nach Auschwitz deportiert worden.

Edek und Mala erfuhren auch nichts über die anderen Häftlinge, mit denen sie lange zusammen gewesen waren. Edek dachte manchmal an Wieslaw. Er hatte ihn nicht verraten, würde es auch nicht tun. Aber hatte Wieslaw es gewagt, mit anderen zusammen zu fliehen, so wie er es damals geplant hatte? War es seinem Freund, im Gegensatz zu ihm und Mala, gelungen, unterzutauchen? Diese Gedanken gingen ihm manchmal durch den Kopf, wenn er tagsüber allein in seiner Zelle war.

Doch weder Edek noch Mala brauchten diese Nachrichten. Ihnen genügte es, wenn Jakób sie nachts manchmal für eine halbe Stunde zusammen in einer Zelle einschloss und sie sich gegenseitig hatten. Mit ihren Gedanken waren sie schon lange nicht mehr im Lager. Sie wussten, dass ihre körperliche Anwesenheit dort nicht mehr lange währen konnte. Doch das bedeutete ihnen nichts mehr. Es würde der Tag kommen, an dem sie niemand mehr würde trennen können.

EDEK UND MALA

Verlegung nach Birkenau

Jakób wusste es, sagte aber nichts, als er am späten Abend des 14. September Edeks Zelle aufschloss und ihn zu Mala führte. Unbeschwert sollten sie noch einmal ihre Zeit genießen und er würde auch nicht peinlich genau auf die Uhr schauen. Schließlich war es die letzte Gelegenheit, dass die beiden sich sehen, miteinander reden und sich umarmen konnten.

Edek und Mala bemerkten die Verlängerung nicht, die Jakób ihnen schenkte. In den Minuten, in denen sie sich hatten, waren sie einfach nur glücklich, zusammen zu sein, miteinander reden zu können und sich in den Armen zu halten. Sie wünschten sich, alle Uhren im Lager würden stehen bleiben. Doch die tickten unaufhaltsam, auch an diesem späten Abend. Lange schmiegten die beiden Liebenden sich aneinander, bevor Jakób Edek in seine Zelle zurückführen musste.

Edek hatte kein genaues Zeitgefühl, doch es musste wohl früher Nachmittag sein, als am 15. September erneut seine Zellentür aufgeschlossen wurde. Das war ungewöhnlich. Noch ungewöhnlicher war, dass zwei SS-Männer die Zelle betraten, ihm die Hände auf dem Rücken fesselten und ihn hinausführten. Nicht in einen Verhörraum zu Boger, wie er zunächst vermutete, sondern raus aus dem Gebäude zu einem bereitstehenden Auto.

Zum ersten Mal seit seiner Festnahme war er wieder im Freien. Tief atmete er die frühherbstliche Luft ein. Als er das Auto sah, zuckte er kurz zusammen, ahnte, was ihm bevorstand. Dann richtete er sich gerade auf und ging erhobenen Hauptes auf das Fahrzeug zu.

Auf der Fahrt nach Birkenau schaute er hinaus. Überall waren Militärfahrzeuge, Hakenkreuzflaggen, SS-Männer, aber nur wenige Zivilisten unterwegs, die verängstigt durch die Straßen huschten. Was war nur aus dieser Stadt Oświęcim geworden? Aus diesem Land? Er hoffte, dass der Terror bald ein Ende haben würde. Vielleicht würde ja einigen Häftlingen die Flucht gelingen, um die Weltöffentlichkeit über die Verbrechen der Nazis in Auschwitz zu informieren. Aber würde man ihnen glauben? Waren die Verbrechen, die die Deutschen verübten, überhaupt vorstellbar? Solche brutalen, menschenverachtenden Gräuel, ausgerechnet von Deutschen? Menschen aus dem Land der Dichter und Denker?

Er wusste es nicht, fand keine Antwort. Das, was er tun konnte, hatte er getan. Nun war er auf dem Weg nach Birkenau. Es würde seine letzte Fahrt sein, da war er sich sicher. Sie endete im Männerlager.

Der Fahrer hielt gleich neben der Küche, unweit des großen Wasserbehälters. Daneben befand sich eine Zelle.

Meist standen an diesem Ort zwei oder drei Galgen. Als Edek aus dem Auto stieg, sah er nur einen. Er wusste, der war für ihn bestimmt.

Genau zwei Jahre nach Malas Ankunft in Auschwitz-Birkenau wurde sie, nur kurze Zeit nach Edek, aus ihrer Zelle geführt und ins Frauenlager nach Birkenau zurückgefahren. Auch sie wusste genau, was ihr bevorstand, und blieb ihrer Überzeugung treu, sich nicht mehr den Deutschen zu unterwerfen. Sie sollten keine Macht mehr über sie haben. Aber sie hatte auch einen Plan, den sie als letztes Zeichen umsetzen wollte.

Im Frauenlager waren die Häftlinge schon zum Appell angetreten. Mala wunderte sich, dass sie nicht wie sonst in Fünferreihen standen, sondern im Kreis. Es war aber auch kein gewöhnlicher Appell, sondern einer, bei dem die Frauen zuschauen sollten, wie Mala starb. Deshalb der Kreis.

Als sie das sah, wusste sie, dass ihr Plan wichtig war, nicht nur für sie, sondern auch für diese Frauen.

Jetzt wurden ihr die Arme von einem Aufseher auf den Rücken gebogen, dann übergab er Mala dem SS-Unterscharführer* Johann Ruiters*, der sie bewachen sollte.

EDEK

Malas Locke

Edek wusste, dass er bald sterben würde. Doch vor seinem Tod musste er noch etwas erledigen.

Er bat Jupp, den Kapo, mit dem er in der Zelle auf seine Hinrichtung wartete, noch einmal die Fesseln von seinen Händen zu lösen. Mit großen Augen sah er ihn an.

»Das geht nicht, das kann ich nicht machen!«, sagte der Kapo entschieden.

»Bitte«, flehte Edek, »es ist ganz wichtig! Das ist das Letzte, worum ich in meinem Leben jemanden bitten werde!«

Jupp zögerte, aber schließlich ließ er sich doch erweichen und band ihn los.

Skeptisch schaute er zu, wie Edek einen zusammengefalteten Zettel unter seiner Jacke hervorzog.

»Was ist das?«, fragte Jupp.

Vorsichtig faltete Edek das Papier auseinander. Was der Kapo zu sehen bekam, verschlug ihm die Sprache.

Es waren eine blonde Locke von Mala und, als er genau hinschaute, einige kurze Haare von Edek.

Das Blatt war beschriftet. Jupp las: Edward Galinski, Nr. 531, Mala Zimetbaum, Nr. 19880.

»Was soll ich damit?«, fragte er verunsichert. Einen so ruhigen und gefassten Delinquenten hatte er noch nie er-

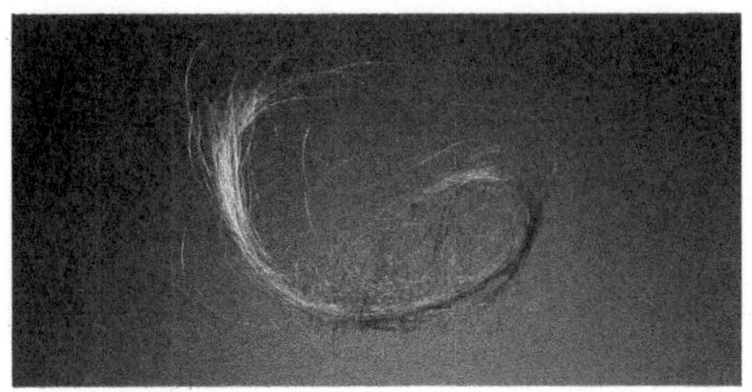

Malas Haarlocke und Edeks Haarstoppel

lebt. Und er hatte schon viele zum Galgen geführt. Hilflos sah er Edek an.

»Du weißt, Wieslaw ist mein Freund. Gib ihm das nach meinem Tod. Er soll es, wenn das hier alles vorbei ist und er überlebt hat, meinem Vater bringen. Sozusagen als letztes Zeichen von seinem Sohn. Ein Grab in meiner Heimatstadt wird es ja wohl nicht geben.«

Jupp konnte nur nicken.

Dieser Edek war ein feiner Mensch, dachte er. Hat keinen verraten, selbst unter Bogers Folterungen nicht. Der Kapo, der sonst ein rauer Kerl war, den nichts erschüttern konnte, war tief gerührt.

Wie viel Lebenszeit blieb Edek noch? Jupp schaute aus dem Fenster. Die Häftlinge waren schon zum Appell angetreten. Da standen sie alle und warteten, was kommen, wer als Nächster am Galgen sterben würde. Niemand wusste etwas Genaues, doch die meisten ahnten es.

Jupp musste Edek wieder die Hände auf dem Rücken zusammenbinden. Dann war es so weit.

MALA

Die Rasierklinge

Die Lagerführerin Maria Mandl trat in die Mitte des Kreises. Mit grimmigem Blick schaute sie von einer Frau zur nächsten. Über ihrer Nasenwurzel bildete sich eine Falte. Alle wussten, dass in solchen Momenten bei ihr die Wut kochte.

Sie ging bis vor den Galgen und schaute nach oben zu der Schlinge. Nur der SS-Mann, der neben ihr stand, sah in diesem Moment das leichte Schmunzeln auf ihren Lippen.

Dann verkündete sie mit brüllender Stimme: »Eine Jüdin hat es gewagt, aus diesem Lager zu fliehen. Doch dank unserer SS-Männer, die im ganzen Land ihren Dienst verrichten, konnte sie wieder aufgegriffen werden! Es gibt keinen Fleck auf dieser Erde, wo sich Juden verstecken könnten!«

Sie blickte in die Runde, ging auf die Frauen zu und starrte sie an. Niemand durfte den Blick erwidern, alle mussten zu Boden sehen.

Schließlich fuhr die Mandl mit lauter Stimme fort: »Damit jede von euch weiß, was auf sie zukommt, wenn ihr ähnliche Gedanken haben solltet, werden wir hier und heute ein Exempel statuieren!«

Mala wurde von Ruiters zum Galgen geführt. Dabei kam sie dicht an einigen der Frauen vorbei, schaute sie an und nickte. Als sich der SS-Mann für einen kurzen Moment umdrehte, zog sie eine Rasierklinge aus ihrem Haar. Keine der Frauen, die den Vorgang beobachteten, wusste, woher sie die Klinge hatte. Mala hielt sie in der rechten Hand, setzte sie am Gelenk der linken Hand an und ritzte sich die Pulsadern bis zur Armbeuge auf. Sie tat es einmal, sie tat es ein zweites Mal und noch ein drittes Mal, ehe Maria Mandl etwas bemerkte. Blut spritzte aus ihren Adern, rann über ihren Arm, befleckte ihre Häftlingskleidung.

Der SS-Mann Anton Taube*, der ebenfalls für ihre Bewachung zuständig war, sah es als Erster, sprang auf Mala zu, wollte ihr die Klinge entreißen, doch sie wehrte sich. Mit der blutigen Hand schlug sie dem SS-Mann mitten ins Gesicht!

»Ich weiß, dass ich bald sterben werde, aber ich sterbe als Heldin!«, brüllte sie den Mann an. »Doch das ist jetzt nicht wichtig! Ihr werdet krepieren wie Hunde! Eure Stunden sind gezählt! Der Tag der Abrechnung ist nahe!«

Mala schaute noch einmal zu den Frauen. Sie hatte sich vorgenommen, nicht einfach so abzutreten, sich nicht von den Deutschen den Zeitpunkt ihres Todes bestimmen zu lassen. Ein letztes Mal wollte sie den hier versammelten Frauen Hoffnung machen, sie auffordern durchzuhalten, damit sie später erzählen konnten.

»Erinnert euch an alles!«, rief sie ihnen noch einmal mit kraftvoller Stimme zu.

Ruiters, angeekelt von dem, was er gerade erlebt hatte, wollte seine Pistole zücken und Mala erschießen. Was erlaubte sich diese Frau, ein Mitglied der Herrenrasse mit jüdischem Blut zu besudeln?

Doch die Mandl sprang dazwischen.

»Ein Gnadenschuss wäre ein zu milder Tod für dieses Luder! Lebendig soll sie im Feuer schmoren!«

Die meisten Frauen, die das Ganze mit ansehen und anhören mussten, waren entsetzt! Sie hatten fest mit Malas Hinrichtung gerechnet, als sie zu diesem besonderen Appell antreten mussten. Der Galgen in ihrer Mitte war ein klares Zeichen gewesen für das, was Mala bevorstand.

Einige Frauen, die sie besser kannten, hatten damit gerechnet, dass sie sich nicht ohne Gegenwehr ihrem Schicksal ergeben würde. Doch keine hatte geahnt, wie diese Gegenwehr aussehen könnte. Wenn Mala schon sterben musste, dann wünschten sie ihr zumindest keinen qualvollen Tod.

Aber Maria Mandl entschied anders.

»Besorgt eine Karre!«, brüllte sie zwei Frauen an, die in der ersten Reihe standen.

Bevor die Frauen reagieren konnten, kam schon eine Aufseherin mit einer Handkarre angerannt.

»Schmeißt sie da drauf!«, befahl sie den beiden. »Los, beeilt euch, bevor sie krepiert! Lebend soll sie brennen!«

Die zwei Frauen sahen sich an. Sie traten aus der Reihe und beugten sich über die am Boden liegende Mala. Eine fasste sie an den Schultern, die andere an den Beinen, dann hoben sie sie vorsichtig auf die Karre.

»Los! Los! Schneller! Schneller!«, brüllte Maria Mandl wieder, »schafft sie hier weg, bevor sie krepiert!« Die Falte über ihrer Nasenwurzel war nun noch tiefer.

Die beiden Frauen fassten die Karre jede an einem Griff und schoben sie in Richtung Lagerstraße. Anfangs wurden sie noch von zwei Aufseherinnen angetrieben, die hinter ihnen herliefen.

»Schneller! Schneller! Ihr habt gehört, was die Aufseherin Maria Mandl erwartet!«

Doch als sie das Frauenlager verlassen hatten, drehten die Antreiberinnen um und gingen offenbar zu den Frauen zurück, die immer noch Appell stehen mussten. Fassungslosigkeit herrschte dort über die Brutalität, die sich wieder einmal auf krasseste Weise gezeigt hatte. Was für ein Mensch war diese Maria Mandl nur?

Die beiden Frauen waren nun allein unterwegs zum Krematorium. Sie schauten zu Mala, die reglos in der Karre lag. Sie war kaum noch bei Bewusstsein.

Einmal röchelte sie noch: »Ich hätte überleben können ... aber ich wollte lieber meiner Überzeugung folgen!«

Die Frauen sahen sich an. Tränen liefen ihnen über die Wangen.

»Wir können sie doch nicht lebend im Krematorium abliefern, das würde ich nicht übers Herz bringen«, flüsterte die eine der anderen zu.

Die andere nickte. Sie erinnerte sich daran, was Mala nicht nur für sie, sondern auch für viele andere Frauen alles getan hatte.

Deshalb beschlossen die beiden, langsamer zu gehen. Auf der Lagerstraße waren viele Häftlinge unterwegs. Sie schauten den Frauen hinterher, die die Karre mit der sterbenden Mala schoben.

Als sie schließlich am Krematorium ankamen, war Mala tot.

Das Sonderkommando, das für die Verbrennung der Leichen zuständig war, hatte bereits von dem Spezialauftrag erfahren. Die Männer weinten, als sie Malas Leichnam aus der Karre hoben.

Die beiden Frauen aber kehrten in ihre Baracke zurück und erzählten den anderen, was passiert war.

EDEK

(Kein) Entkommen

Wie jeden Nachmittag wurden sie nach ihrer Arbeit durch das Tor geführt. Wie jeden Nachmittag spielte auch an diesem Tag das Lagerorchester wieder eine Marschmelodie, zu deren Takt sie im Gleichschritt laufen sollten. Nur die, die zu schwach waren, wurden von Kameraden gestützt, und die Toten wurden ins Lager getragen.

Aber etwas war diesmal anders. Wieslaw bemerkte es sofort, als er zu dem großen Wassertank in der Nähe der Küche hinüberschaute. Dort stand ein Galgen, nur ein einzelner. Wieslaw ahnte, für wen er bestimmt war. Er fühlte einen tiefen Schmerz.

In seinem Block stieß er auf den Lagerkapo, der irgendwas von Edek erzählte. Er hörte kaum hin. Dann mussten sie sich auch schon, früher als üblich, zum Zählappell aufstellen.

An diesem Nachmittag dauerte der Appell länger als gewöhnlich. Der SS-Rottenführer Felix Grapatin* ging durch die Reihen und schaute jedem der Männer in die Augen. Bei Wieslaw blieb er stehen, verzog sein Gesicht zu einer Grimasse und schlug ihm mit der Faust gegen den Kopf. Erst rechts, dann links, dann wieder rechts und wieder links. Warum? Grapatin verlor kein Wort darüber, doch Wieslaw ahnte, dass seine Freundschaft zu Edek der Grund war.

Nach dem Zählappell mussten sich die Männer in Richtung Küche und Wassertank begeben, dorthin, wo der Galgen stand.

Wieslaw stellte sich in die Nähe der Zelle, aus der Edek sicher bald herausgeführt werden würde. Er wollte ihn sehen, ihm in die Augen schauen, ihm ein letztes Mal zunicken. Auf dem Platz herrschte völlige Stille. Kein Schnaufen, kein Stöhnen, keine Bewegung, nichts. Alle starrten auf die Zellentür.

Dann öffnete sie sich. Edek trat heraus, hinter ihm Jupp, der Kapo, der ihn im Auge behielt. Nur das Knirschen der Schritte auf dem Kies war jetzt zu hören.

Edek ging dicht an Wieslaw vorbei. Er war blass im Gesicht, doch seine Augen suchten die Männer nach Freunden ab. Er schaute sie noch einmal an, auch Wieslaw.

Edek ging aufrecht, mit durchgedrücktem Rücken, auf den Galgen zu. Jupp, sein Henker, musste ihn nicht führen, eigenständig kletterte er hinauf und stellte sich auf den Hocker. Sein Kopf berührte die Schlinge.

Ein Kommando ertönte: »Achtung!«

Ein SS-Mann begann, das Urteil gegen den Delinquenten in Deutsch von einem Blatt abzulesen. Edek stand auf dem Hocker, blickte in die Ferne. Er hörte nicht zu, er wusste, was ihn erwartete. An Mala musste er denken und daran, dass sie sich vorgenommen hatten, sich nicht noch einmal den Deutschen zu unterwerfen. Dann handelte er.

Während der SS-Mann noch immer das Urteil verlas, sprang Edek in die Schlinge, die über seinem Kopf hing, und trat den Hocker unter seinen Füßen weg. Für einen Augenblick baumelte er frei in der Luft, bis Jupp es merkte, ihn an der Taille packte und wieder anhob. Er stellte ihn auf den Hocker zurück und lockerte die Schlinge.

Zornig schaute der SS-Mann zu Edek hoch. Was bildete der sich ein, die Regeln nicht zu beachten! Nur die SS bestimmte, wann jemand starb. Sonst niemand!

Von Neuem setzte er zur Verlesung des Urteils an, zuerst auf Deutsch und anschließend auf Polnisch.

Regungslos stand Edek auf dem Hocker und blickte in die Ferne.

Mit einem Kopfnicken gab der SS-Mann Jupp das Zeichen, den Hocker nun unter den Füßen von Edek wegzuziehen.

Bevor sich die Schlinge endgültig um seinen Hals zuzog, rief Edek: »Lang lebe Pol ...« Mit diesen letzten Worten starb er.

Alle Häftlinge, die hatten antreten müssen, standen regungslos da. Niemand rührte sich, keiner sagte ein Wort.

Nur die SS-Männer drehten sich um und gingen in Richtung des Lagerausgangs. Sie hatten ihre Arbeit erledigt. Für sie begann der Feierabend.

Plötzlich ertönte auf Polnisch das Kommando: »Mützen ab!« Es war einer der Häftlinge, der die anderen dazu aufforderte. Alle Männer nahmen ihre Mütze vom Kopf und erwiesen so Edek die letzte Ehre.

Ein SS-Mann, der sich noch in der Nähe aufhielt, bemerkte es.

»Wegtreten!«, brüllte er. »Los, los, weg mit euch!«

Wenige Augenblicke später war der Platz nahe der Küche leer. Nur Edek blieb zurück.

Wieslaw ging in seine Baracke, setzte sich auf seine Pritsche und weinte. Schmerz und ein Gefühl von Ohnmacht überkamen ihn. Keiner der anderen Häftlinge wunderte sich über seine Tränen.

Einer von ihnen, ein russischer Kriegsgefangener, klopfte ihm auf die Schulter und meinte: »Irgendwann müssen sie für alles bezahlen!«

EPILOG

Am Tag nach Edeks Hinrichtung kam ein Läufer zu Wieslaw und forderte ihn auf, mit in die Blockführerstube zu kommen. Wieslaw erschrak. Doch der Läufer beruhigte ihn, dort sei jetzt kein SS-Mann, nur Jupp und zwei weitere Kapos.

Unsicher schaute sich Wieslaw um, als er schließlich in der Tür stand.

»Komm rein«, sagte einer der Kapos. »Du musst keine Angst haben, außer uns ist niemand hier.«

Ängstlich betrat Wieslaw den Raum.

»Der Edek war dein Freund«, begann ein anderer. »Der war ein aufrechter Kerl, hat keinen verraten! Das schafft nicht jeder!«

Er sah Wieslaw an, der immer noch nervös vor ihm stand.

»Bevor Jupp ihm die Hände auf den Rücken binden musste, hat Edek ihn gebeten, dir das hier zu geben. Du sollst es gut verstecken und aufbewahren, damit es niemand entdeckt. Wenn alles hier vorbei ist und du überlebst, sollst du es seinem Vater übergeben. Das war Edeks letzter großer Wunsch.«

Mit diesen Worten überreichte der Kapo ihm ein kleines Päckchen.

Er hatte Edeks Zettel mit dessen Haaren und denen von Mala in ein Kästchen gepackt, damit nichts verloren gehen konnte. Wieslaw nahm es wie einen Schatz an sich und ging zurück in seine Baracke. Er setzte sich auf seine Pritsche, zwei Freunde setzten sich zu ihm. Vorsichtig öffnete er das kostbare Teil. Als er die Namen von Edek und Mala las und Edeks Haarstoppel und Malas Locke sah, fing er an zu weinen. Auch den Freunden an seiner Seite liefen Tränen über die Wangen. Sie sahen Edek noch vor sich, groß, aufrecht, jung, mit strahlenden Augen und meist einem Lächeln auf den Lippen. Er hatte zur ersten Lagergeneration gehört. Viele hatten zu ihm aufgeschaut. Er war für sie so etwas wie ein Hoffnungsträger gewesen, einer, der wusste, wie man im Lager überleben konnte, einer, der ihnen zur Seite stand, ihnen Mut machte.

Am 27. Oktober 1944 wurde Wieslaw Kielar mit einem Transport zunächst in das Lager Neuengamme*, später nach Sachsenhausen und von dort in verschiedene Nebenlager deportiert. Die Andenken an seinen Freund Edek und auch das Porträt von Mala führte er immer mit sich.

Wieslaw Kielar überlebte sowohl Auschwitz als auch die anderen Lager.

Nach seiner Befreiung suchte er Edeks Vater auf. Er wollte auf jeden Fall den letzten Wunsch seines Freundes erfüllen und übergab dem Vater sowohl das Papier mit den Haaren als auch Malas Porträt. Fassungslos schaute der Mann die Sachen an.

»Dieser Dummkopf! Er könnte noch leben!«, waren

seine Worte, als er die Stoppeln von seinem Sohn und die Locke von Mala betrachtete. »Er könnte noch leben, wenn er sich nicht mit dieser Jüdin eingelassen hätte!«

Wieslaw schüttelte den Kopf. Wie konnte der Vater so etwas sagen? Nahm der Judenhass denn noch immer kein Ende?

Wieslaw packte sowohl den Zettel mit den Haaren als auch das Porträt von Mala wieder ein und übergab alles zusammen später dem Museum Auschwitz.

Und was hat Mala Zimetbaum hinterlassen? Welche Erinnerungen an sie gibt es? Nichts Materielles, so viel lässt sich sagen.

»Ich sterbe als Heldin!«, hatte sie kurz vor ihrem Tod den Frauen zugerufen. Hatte sie sich geirrt? Werden nicht Straßen, Plätze oder Schulen nach Helden benannt?

In Antwerpen erinnert man heute an sie. An dem Haus, in dem sie wohnte, wurden eine Gedenktafel und ein Stolperstein angebracht. Dort hatten auch ihre Eltern mit drei Enkeln gelebt. Alle wurden in Auschwitz ermordet.

Die Menschen in der Stadt wussten, was mit ihren jüdischen Mitbürgerinnen und Mitbürgern passiert war. Jahrelang konnten sie nicht darüber reden, weil es so unvorstellbar schien und sie keine Worte dafür fanden. Schon gleich nach der Besetzung Belgiens durch die Deutschen hatte es eine große Solidarität zwischen der belgischen Bevölkerung und ihren jüdischen Mitmenschen gegeben. Man unterstützte und versteckte sie, trotz aller Gefahren.

Doch die Zeiten haben sich offenbar geändert. Auch in Belgien macht sich zunehmend Antisemitismus breit. Immer mehr jüdische Menschen denken über eine Auswanderung nach Israel nach.

Die jüdische Organisation B'nai B'rith* hat in einem ihrer Häuser in Antwerpen einen Versammlungsraum nach Mala Zimetbaum benannt. Jedes Jahr zu ihrem Todestag treffen sich dort Gläubige und beten das Kaddisch* für sie.

»Das ist wichtig für uns«, sagte mir ein alter Mann, der Mala noch aus seiner Kindheit kannte, weil sie im selben Haus gewohnt hatten. »Wir wollen uns an sie erinnern, sie war eine große Persönlichkeit.«

Wer war Mala Zimetbaum? Was bleibt von ihr?

Mala war Jüdin, hat schon in Antwerpen und später in Auschwitz allen zur Seite gestanden, die Hilfe brauchten. Unabhängig von ihrer Religion.

Mala war in Auschwitz-Birkenau eine Widerstandskämpferin, ohne dort einer Widerstandsgruppe angehört zu haben. Ihren Widerstand hat sie allein organisiert. Sie hat die Nöte der Menschen erkannt und gehandelt.

Trotz ihres tragischen Endes ist die Geschichte von Mala Zimetbaum eine Geschichte von Menschlichkeit, Solidarität und Freiheit. Es ist eine Geschichte vom Leben und eine Geschichte über die Liebe.

»Erinnert euch an alles!«

Diese Worte von Mala Zimetbaum gelten besonders auch für die Gegenwart.

GLOSSAR

AMTSKOMMISSAR: Nach der Deutschen Gemeindeordnung von 1935, die ab dem 1. April 1940 auch in den eingegliederten Ostgebieten Anwendung fand, war vorgesehen, dass Gemeinden zusammengefasst und von Amtskommissaren verwaltet wurden. Diese Amtskommissare waren Beamte des Landkreises, die die Einzelgemeinden des Amtsbezirks insgesamt verwalteten. Parteitreue Beamte aus Deutschland wurden zur Wahrnehmung entsprechender Verwaltungsaufgaben in den eingegliederten Ostgebieten eingesetzt, wie hier Julius Grünweller in der Stadt Auschwitz, zu dessen Bezirk auch umliegende Gemeinden gehörten.

ANTISEMITISMUS: Im allgemeinen Sprachgebrauch wird darunter eine ideologisch geprägte Weltanschauung verstanden, die davon ausgeht, dass Juden grundsätzlich die Ursache aller Probleme sind. Er ist mit Hass auf das jüdische Volk gepaart und fand seinen Höhepunkt in der Shoah, wie die Verbrechen im Holocaust sowohl in Israel als auch vom gesamten Judentum bezeichnet werden. Shoah bedeutet »›Katastrophe – großes Unglück‹«.

APPELL: Im militärischen Bereich versteht man darunter formierte Versammlungen von Truppenteilen. In Konzentrationslagern während der Zeit des Nationalsozialismus dienten die Appelle zur Überprüfung der Vollständigkeit der Häftlinge sowohl morgens beim Morgenappell als auch abends nach dem Arbeitseinsatz beim Abendappell. Oft wurden die Gefangenen durch extrem in die Länge gezogene Appelle schikaniert. Der längste Appell in Auschwitz dauerte 19 Stunden.

ARBEITSKOMMANDO: Häftlinge sind in Konzentrationslagern zu Arbeiten in den unterschiedlichsten Bereichen gezwungen worden. Dazu wurden sie in Gruppen aufgeteilt, die in der Lagersprache »Arbeitskommandos« hießen.

BLOCK 11: Der Block 11 im Stammlager Auschwitz war ausschließlich für die Bestrafung von Gefangenen vorgesehen. Dort gab es verschiedene Räume, in denen Häftlinge gequält und gefoltert wurden. In der unteren Etage waren Dunkelzellen, in denen Gefangene oft mehrere Tage eingesperrt wurden, in den Kellerräumen gab es zudem Stehzellen in der Größe von etwa einem Quadratmeter, in die die Gefangenen durch kleine Öffnungen am Boden hineinkriechen mussten. Bis zu vier Gefangene wurden in so einer Zelle gleichzeitig eingesperrt. Sie mussten aufgrund der Enge die ganze Zeit stehen, in der Regel eine Nacht lang. Es gab aber auch Gefangene, die bis zu zwanzig Nächte in einer Stehzelle verbringen mussten und tagsüber weiter zur Arbeit gezwungen wurden. Im ersten Raum neben dem Eingang von Block 11 war der sogenannte Gerichtssaal, in dem über Gefangene »Gericht« gehalten wurde. In der Regel standen die Strafen vorher schon fest. Die Angeklagten wurden zum Tode verurteilt und die Strafe unmittelbar nach dem Urteilsspruch zwischen dem Block 10 und Block 11 an der Todeswand vollstreckt.

BLOCKÄLTESTE(R): Der/die Blockälteste war ein Funktionshäftling im Konzentrationslager, der/die Aufsicht über die in einer Baracke lebenden Häftlinge führte. Er/sie war für alles verantwortlich, was den Block betraf, z. B. für die festgelegte Barackenordnung. Der/die Blockälteste musste stets die Zahl der Häftlinge prüfen, dafür sorgen, dass die »Betten« vorschriftsmäßig gemacht waren und die Häftlinge rechtzeitig zum Appell antraten. Für die korrekte Durchführung seiner/ihrer Arbeit war er/sie dem SS-Personal gegenüber verantwortlich und wurde bestraft, wenn etwas nicht korrekt lief.

BLOCKFÜHRER(IN): War die Bezeichnung für Mitglieder der SS-Totenkopf-Einheiten, die in Konzentrationslagern ihren Dienst taten. Je ein Blockführer war zuständig für die Belegschaft einer Häftlingsbaracke, in der bis zu tausend Häftlinge untergebracht sein konnten. Der Blockführer war verantwortlich für die vollzählige Anwesenheit der Häftlinge, er musste ihren Arbeitseinsatz und die Verteilung der Essensrationen überwachen. Damit er diese Arbeiten nicht alle selbst erledigen musste, hatte er einen Kapo. Ein Blockführer hatte in der Regel den Rang eines SS-Unteroffiziers. In Vernichtungslagern waren Blockführer auch zuständig für die Vergasung von Häftlingen.

BLOCKFÜHRERSTUBE: Der Blockführer / die Blockführerin hatte jeweils einen eigenen Raum in dem Block, für den sie zuständig waren. Er lag direkt neben dem Eingang.

B'NAI B'RITH: zu Deutsch »Söhne des Bundes«, ist eine internationale jüdische Organisation, die 1843 in New York gegründet wurde und sich 1882 erstmals auch in Deutschland bildete. Ziel der Organisation ist die Förderung von Toleranz, Humanität und Wohlfahrt. Ferner soll sie über das Judentum und die Erziehung im Judentum informieren. Sie ist heute mit 500 000 Mitgliedern die größte internationale jüdische Vereinigung. 1937 musste der Verein in Deutschland aufgelöst werden. Gebäude, die in seinem Besitz waren, wurden zum Teil als Ghettohäuser missbraucht.

BOGER-SCHAUKEL: auch Papageienschaukel genannt. SS-Oberscharführer Wilhelm Boger hängte Delinquenten, die nicht freiwillig bereit waren auszusagen, mit den Kniekehlen über eine Stange und band zudem ihre Hände an der Stange fest, sodass der Häftling in extrem schmerzhafter Haltung mit dem Kopf nach unten hing. Antwortete er auch jetzt nicht auf die Fragen, wurde ihm aufs Gesäß geschlagen.

DEPORTATION: Auf staatliche Anordnung werden Menschen in andere, meist vorher festgelegte Gebiete transportiert. Es sind Maßnahmen der zwangsweisen Unterdrückung von politischen Gegnern und der Isolierung von ethnischen Minderheiten. Mit dem Begriff »Deportation« werden vor allem die Verbrechen der Nationalsozialisten in Verbindung gebracht, die jüdische Einwohner aus Deutschland und den von den Deutschen kontrollierten Gebieten, aber auch Sinti und Roma in Ghettos oder Konzentrationslager bzw. Vernichtungslager verschleppten.

DURCHGANGSLAGER: Sie lagen in der Regel an Bahnstrecken, die direkt zu den Konzentrationslagern führten. Diese Form der Lager gab es besonders in den von Deutschland besetzten Ländern wie Frankreich, Belgien, Italien und den Niederlanden, wo es keine KZs gab. Von dort gingen Transporte mit meist 1000 Häftlingen in die Konzentrationslager. Die Durchgangslager wurden von der SS verwaltet.

GENERALGOUVERNEMENT: Mit diesem Begriff wurden die von den Deutschen militärisch besetzten Gebiete in Polen während der NS-Zeit von 1939–1945 bezeichnet. Sie wurden nicht an Deutschland angegliedert, sondern es entstanden Macht- und Verwaltungsstrukturen, die in Krakau Hans Frank und sein Vertreter Josef Bühler entwickelten. Das Generalgouvernement wurde auf Anweisung von Adolf Hitler eingerichtet.

GESTAPO: Abkürzung für »Geheime Staatspolizei«; sie entstand kurz nach Hitlers Machtergreifung am 30. Januar 1933 und wirkte bis zum Kriegsende im Mai 1945. 1939 wurde sie in das Reichssicherheitshauptamt eingegliedert. Die Gestapo war die »politische Polizei« während des Nationalsozialismus, hatte sehr weitreichende Machtbefugnisse, gegen politische Gegner vorzugehen, und war berüchtigt für ihre brutalen Folter- und Verhörmethoden. Im Rahmen der Nürnberger Prozesse wurde sie als verbrecherische Organisation eingestuft.

GRAUE REGIMENTER: konspirativer Deckname für einen Teil der polnischen Pfadfinderorganisation während der deutschen Besatzung Polens von 1939 bis 1945.

HANOAR HATZIONI: wörtlich übersetzt »zionistische Jugend«. Die Jugendorganisation wurde 1926 gegründet und hat heute ihren Sitz in Israel. Sie war von Anfang an eine Bildungsorganisation, die die Inhalte des Judentums vermitteln wollte. Heute ist sie in 17 Ländern vertreten.

IN DEN DRAHT GEHEN: Alle Konzentrationslager waren mit elektrisch geladenen Stacheldrahtzäunen umgeben. Häftlinge, die das Lagerleben nicht mehr ertrugen, nahmen sich das Leben, indem sie den Zaun anfassten und durch den Stromschlag starben.

JUDENREGISTER: In Belgien wurden von den Bürgern keine Daten zur Religionszugehörigkeit erhoben. Das änderte sich nach der Besatzung des Landes durch die Deutschen. Man wollte nun wissen, wer der jüdischen Religion angehörte. Zunächst weigerten sich die belgischen Behörden, die Menschen entsprechend zu registrieren. Daraufhin erließ die Besatzungsmacht am 28. Oktober 1940 die erste sogenannte »Judenverordnung«, in der die Gemeinden verpflichtet wurden, binnen eines Monats ein Judenregister zu erstellen, aus dem nicht nur die Religionszugehörigkeit hervorging, sondern in dem auch Firmen- und Grundstücksbesitze aufgeführt werden mussten.

KADDISCH: Das Kaddisch ist eines der wichtigsten Gebete im Judentum. Meist wird es als Totengebet bezeichnet, doch es ist mehr. Es ist die Heiligung des göttlichen Namens, und gläubige Juden beten es stellvertretend auch für die Verstorbenen, um sich an sie zu erinnern. Das Kaddisch wird in traditionellen Gemeinden von einem männlichen Verwandten, meist vom Sohn, nach dem Tod eines Elternteils gesprochen. Das Gebet wird elf Monate lang nach dem Tod des Angehörigen gebetet, danach immer zum Jahrestag des Todes. Die Regel besagt, dass zehn Männer (genannt Minjan) bei dem Gebet anwesend sein müssen. Es gibt aber auch Gemeinden, in denen auch Frauen zum Minjan gezählt werden und auch sie das Kaddisch sprechen dürfen.

KALFAKTOR: Das Wort stammt aus dem mittelalterlichen Wort *calefactor*, das »Heizer« bedeutet. Im späteren Sprachgebrauch wurden damit (abwertend) Menschen bezeichnet, die untergeordnete Hilfsdienste verrichten mussten. Der Begriff wurde oft verwendet für Häftlinge in Strafanstalten, die den Aufsehern Hilfsdienste leisteten. In NS-Konzentrationslagern wurden sie für verschiedene Aufgaben eingeteilt, z. B. für die Essensausgabe, aber auch als Hilfsaufseher genutzt. In dieser Funktion mussten sie in den Augen der SS starkes Durchsetzungsvermögen haben, das in der Regel Brutalität bedeutete.

KANADA-LAGER: »Kanada« wurden in der Lagersprache die Baracken oder Blocks genannt, in denen man die Wertsachen, Kleidung und alles, was die Menschen an Hab und Gut aus ihrer Heimat mitgebracht hatten, lagerte. Der Begriff »Kanada« wurde von den Häftlingen deswegen gewählt, weil Kanada in ihren Augen ein reiches Land war. Allein in Auschwitz-Birkenau gab es 60 Kanada-Baracken. Die Nazis bezeichneten diese Baracken als Effektenlager.

KAPO: Der Ursprung des Begriffs ist unklar, beschönigend wird oft »Kameradschaftspolizei« angenommen. Näher liegt der Ursprung im Italienischen, wo mit »il capo« der Anführer oder das Oberhaupt bezeichnet wird. Kapos waren bei den Nazis Funktionshäftlinge in Konzentrationslagern, die als Mitarbeiter der Lagerleitung andere Häftlinge beaufsichtigen mussten. Die SS wählte für diese Posten nur solche Häftlinge aus, die sich durch besondere Brutalität anderen gegenüber auszeichneten. Dafür hatten die Kapos bestimmte Privilegien wie bessere Verpflegung und wurden selbst auch nicht körperlich gezüchtigt. Durch ihren Gehorsam der SS gegenüber glaubten sie, ihr eigenes Überleben im Lager sichern zu können. Und für die SS war wichtig, dass Befehle skrupellos durchgesetzt wurden. Kapos waren im Lageralltag an ihrer Armbinde sowie einem Stock oder einer Peitsche zu erkennen, die sie bei sich trugen. Sie führten die Aufsicht über die Arbeitskommandos. Einem Kapo waren meist hundert Häftlinge unterstellt. Kapos, die während ihrer »Arbeit« Häftlinge totschlugen, wurden dafür von der Lagerverwaltung nicht bestraft.

KARTOFFELBUNKER: unterirdischer Kartoffelkeller in Auschwitz-Birkenau.

KASSIBER: ein aus dem Hebräischen entliehener Begriff. Dabei handelt es sich um eine geheime schriftliche Mitteilung eines Gefangenen aus dem Gefängnis heraus entweder an einen Mitgefangenen oder an eine außenstehende vertraute Person. Die Nachricht kann entweder in Schriftsprache oder in Zeichensprache übermittelt werden.

KONZENTRATIONSLAGER: Mit diesem Begriff (Abkürzung: KZ) werden seit der Zeit des Nationalsozialismus Arbeits- und Vernichtungslager bezeichnet. In den etwa 1000 KZs wurden während der NS-Zeit Menschen zur Zwangsarbeit verpflichtet und ermordet. Interniert wurden dort sowohl Juden als auch politische Gegner, Sinti und Roma, Homosexuelle und Kriegsgefangene. In den

Lagern wurden häufig auch medizinische Versuche an Häftlingen vorgenommen.

LÄUFER(IN): In Konzentrationslagern wurden Häftlinge eingesetzt, um im Auftrag von SS-Vorgesetzten Botschaften, Nachrichten oder auch Gegenstände an einen Empfänger zu bringen. Die Läufer und Läuferinnen mussten sich stets in der Nähe ihrer Vorgesetzten aufhalten, um schnell Befehle entgegennehmen zu können. Durch ihre Tätigkeit als Läufer bekamen die Häftlinge einen guten Einblick sowohl in die Struktur des Lagersystems als auch in die Not der Gefangenen.

MUSELMÄNNER: Als Muselmann wurden in der KZ-Lagersprache all jene Häftlinge bezeichnet, die durch Unterernährung bis auf Haut und Knochen abgemagert waren; ihre Beine waren geschwollen, ihre Bäuche aufgebläht. Ihr Selbsterhaltungstrieb befähigte sie anfangs noch, nach Essbarem wie Kartoffelschalen oder sonstigen Essensresten zu suchen. Von der SS wurden sie für dieses Verhalten als »Untermenschen« bezeichnet. Muselmänner hatten im Lager keine Überlebenschancen. Entweder starben sie an Entkräftung, Hunger, Krankheit oder sie wurden von SS-Ärzten für den Tod selektiert.

OBERSCHARFÜHRER: bezeichnete den zweitniedrigsten Rang der Unteroffiziere, Hauptscharführer war der höchste Rang.

OPERATION AB: Die Abkürzung AB steht für »Außerordentliche Befriedungsaktion«. Nach dem deutschen und sowjetischen Überfall auf Polen wurden weite Teile des polnischen Territoriums besetzt. Die deutsche und die sowjetische Politik wollten eine dauerhafte und vollständige Unterwerfung der polnischen Bevölkerung erreichen. Ziel war es, zunächst die polnische Elite zu beseitigen. Von Mai bis Juli 1940 töteten die Deutschen 3000 Menschen im Generalgouvernement Polen, vorwiegend Wissenschaftler, Professoren, Geistliche und Lehrer.

POLNISCHE HEIMATARMEE: wurde am 9. November 1939 als eine der ersten Untergrundorganisationen in Polen gegründet. Kommandant war Witold Pilecki; er erweiterte die Bewegung über Warschau hinaus auch in anderen Großstädten Polens. 1940 zählte sie bereits 8000 Männer, die Hälfte davon bewaffnet. Die Bewegung machte sich zur Aufgabe, Informationen aus den Konzentrationslagern, aber auch aus den Ghettos an die Alliierten weiterzugeben, damit diese entsprechend reagieren konnten.

POSTENKETTE: Sicherung des Lagers durch eine Umzäunung und Wachposten. Um das unmittelbare Lagergebiet gab es die sogenannte Kleine Postenkette, die aus der Einzäunung mit Strom und Wachposten bestand, die Große Postenkette war eine weitläufige Absicherung um das Lager herum mit Wachtürmen, die meist jedoch nur tagsüber besetzt waren, in Ausnahmefällen wie nach der

Flucht eines oder mehrerer Häftlinge aus dem Lager auch drei Tage rund um die Uhr.

PRÜGELBOCK: Die Bestrafung auf dem Prügelbock bedeutete, dass man den Oberkörper des Häftlings über den Bock legte, die Beine wurden mit einer Halterung festgeklemmt und zwei andere Häftlinge mussten ihren Kollegen an den Armen festhalten. Dann schlug ein SS-Mann oder ein Kapo mit einem Stock oder einer Peitsche auf den Häftling ein, der die Schläge laut mitzählen musste.

REICHSSICHERHEITSHAUPTAMT: Das Reichssicherheitshauptamt (RSHA) wurde im September 1937 von Heinrich Himmler durch den Zusammenschluss von Sicherheitspolizei und Sicherheitsdienst gegründet. Die Führung des RSHA bestand überwiegend aus hoch qualifizierten Akademikern sowie Beamten mit polizeilicher Fachausbildung. Ziel war die Verhaftung politisch unzuverlässiger Personen und die Bekämpfung aller »deutschfeindlichen Elemente«; später wurden in Polen und der Sowjetunion gezielt Massaker an Vertretern der Kirche und Mitgliedern kommunistischer Organisationen und Gruppen verübt. Vom RSHA wurden auch Pogrome initiiert und Adolf Eichmann organisierte in dieser Behörde die »Endlösung der Judenfrage«. Die innenpolitische Bedeutung lag auf der Bespitzelung der Bevölkerung.

RÖNTGENBARACKE: In dieser Baracke, die zum Frauenlager in Birkenau gehörte, führte der Arzt Dr. Horst

Schumann Sterilisationsversuche an weiblichen Häftlingen mithilfe von Röntgenstrahlen, sogenannten »Röntgenbomben«, durch.

ROTE ARMEE: Sie wurde 1922 nach der Oktoberrevolution in der Sowjetunion gegründet und umfasste das Heer und die Luftstreitkräfte. Entwickelt wurde sie aus den »Roten Garden«, die eine Freiwilligenarmee waren. Von dort stammt auch der Name. Die Rote Armee wurde in eine Pflichtstreitmacht umgewandelt. Während des Zweiten Weltkrieges führte sie den »großen vaterländischen Krieg« (aus Perspektive der Sowjetunion) zur Verteidigung des Landes. 1946 wurde die Bezeichnung »Rote Armee« aufgehoben und in »Sowjetarmee« umgewandelt.

ROTTENFÜHRER: Höchster Rang der Dienstgradgruppe in den Mannschaften der Schutzstaffel (SS).

SAUNA: Einstöckiges Backsteingebäude in Auschwitz-Birkenau. Es diente als Desinfektionsanlage bei der Aufnahme von deportierten Menschen, die im Konzentrationslager Auschwitz zur Arbeit verpflichtet wurden. Hier mussten sie zunächst ihre Kleidung ablegen und wurden dann entweder heiß oder kalt geduscht. Die Kopf- und Körperhaare wurden ihnen entfernt. Anschließend bekamen sie ihre Häftlingskleidung und wurden als »Zugang« registriert. Dabei wurden Name, letzter Wohnort, Angehörige sowie der Beruf in einer Karteikarte festgehalten, außerdem ihre Häftlingsnummer, die sie hier bekamen.

SCHTETL: Der Begriff war die jiddische Bezeichnung für kleine Orte (Städtchen) in Osteuropa mit überwiegend jüdischer Bevölkerung. Bis zur Shoah lebten die Menschen hier nach ihren religiösen Traditionen.

SHABBAT: Im Judentum ist der Shabbat der siebte Wochentag, an dem als Ruhetag nicht gearbeitet werden soll. Er beginnt am Freitag mit dem Sonnenuntergang und endet am Samstag mit dem Sonnenuntergang. Im jüdischen Glauben ist er ein fester Bestandteil der zehn Gebote.

STANDARTENFÜHRER: 1925 zunächst als Titel eingeführt, wurde er ab 1928 zu einem Dienstgrad der NSDAP und an Mitglieder der SA und SS verliehen, die größere Einheiten, sogenannte Standarten, befehligten. Der Dienstgrad war innerhalb der Waffen-SS gleichzusetzen mit dem eines Obersten. Das Abzeichen bestand aus einem Eichenblatt, das links und rechts am Kragen der Uniform angebracht war.

STRAFKOMPANIE: Eine der gefürchtetsten Strafen war die Einweisung in die Strafkompanie. Die Häftlinge mussten körperliche Schwerstarbeit leisten, sie wurden bei der Arbeit ununterbrochen von zumeist brutalen Kapos bewacht und verprügelt. Sie wurden ständig zur Eile angetrieben, manche Arbeiten mussten im Laufschritt verrichtet werden. Von den übrigen Häftlingen wurden sie isoliert und in den schlechtesten Baracken des Lagers untergebracht. Die ohnehin schon dürftige Verpflegung war in der Strafkompanie noch viel schlechter. Die schwere Arbeit und die unzureichende Verpflegung schwächten die Häftlinge. Ihre Todesrate war extrem hoch. Außerdem wurden sie oft in ihren Arbeitskommandos von den Aufsehern kaltblütig ermordet und abends von anderen Häftlingen auf Leichenwagen ins Lager zurückgebracht.

SS: Die beiden Buchstaben stehen als Abkürzung für »Schutzstaffel«. Diese Organisation diente schon während der Weimarer Republik, besonders aber während der Zeit des Nationalsozialismus der Partei NSDAP und ihrem Anführer Adolf Hitler als Herrschafts- und Unterdrückungsinstrument. 1925 wurde sie von Hitler in München als »Leib- und Prügelgarde« gegründet. Die Schutzstaffel (SS) war maßgeblich an der Planung und Durchführung von Kriegsverbrechen sowie Verbrechen gegen die Menschlichkeit beteiligt – besonders, was den Holocaust betrifft. 1945 wurde die Organisation verboten.

SS-HAUPTSTURMFÜHRER: Dieser Titel war während der NS-Zeit eine Dienstgradbezeichnung für den Offiziersrang; es handelte sich um einen mittleren Rang.

SS-MANN: Der Begriff ist eine Bezeichnung für alle vollwertigen Mitglieder und jene, die noch in die Schutzstaffel (SS) aufgenommen werden sollten.

SYNAGOGE: Sie ist das jüdische Gotteshaus, in dem sich die Gemeinden zum Gottesdienst, zum Beten, zum Feiern und auch zum Diskutieren treffen. Eine Synagoge beherbergt in der Regel auch eine Bibliothek, die »Schul« genannt wird.

TODESWAND: im Stammlager Auschwitz auch als »Schwarze Wand« bezeichnet, war eine Hinrichtungsstätte zwischen Block 10 und 11. Schwarze Isolierplatten an der Steinmauer dienten als Kugelfang. Die erste Hinrichtung fand dort am 11. November 1941 statt, als 151 Häftlinge von SS-Männern erschossen wurden. Von da an wurden dort Tausende Todesurteile vollstreckt, insbesondere gegen polnische Zivilisten wegen besatzungsfeindlicher Aktivitäten, aber auch gegen Widerstandskämpfer und KZ-Häftlinge. Die Todesurteile wurden unmittelbar vor der Hinrichtung gefällt.

WEISSE BRIGADE: Sie war während der Zeit des Zweiten Weltkriegs eine Gruppierung innerhalb der belgischen Widerstandsbewegung, der sogenannten Résistance. Die Brigade wurde im Sommer 1940 in Antwerpen gegründet. Ihre besonderen Aktivitäten bestanden in der Verbreitung von geheimen Nachrichten und dem Anlegen von Listen, in denen sie Kollaborateure notierten. 1943 kam es zu zahlreichen Verhaftungen; die Mitglieder der Weißen Brigade wurden in das Auffanglager Breendonk und von dort in das KZ Sachsenhausen oder in andere Lager gebracht.

ERSTER WELTKRIEG: Dieser Krieg wurde von 1914–1918 in Europa, Vorderasien, in Afrika und den Ozeanen geführt. Mehr als 17 Millionen Menschen kamen dabei ums Leben. Ausgangspunkt war die Ermordung von Franz Ferdinand, dem Thronfolger Österreich-Ungarns, und seiner Frau Sophie in Sarajevo, das zu dieser Zeit unter österreichisch-ungarischer Herrschaft stand. Die österreichisch-ungarische Führung glaubte, der serbische Staat stecke hinter diesem Mord. Genau einen Monat nach diesem Anschlag, am 28. Juli 1914, erklärte Österreich-Ungarn Serbien den Krieg. Russland stand auf der Seite Serbiens und war zum Kampf bereit. Aber auch französische und englische Truppen, die sich mit Russland verbündet fühlten, wurden mobilisiert. Am 1. August 1914 erklärte Deutschland Russland den Krieg, am 3. August 1914 Frankreich. In Deutschland brach eine Welle der Begeisterung über dieses sogenannte »August-Erlebnis« aus. Deutschland wurde nicht angegriffen, aber in der Bevölkerung herrschte die Meinung vor, man müsse sich verteidigen. Aber auch die anderen Länder hatten die Einstellung, einen Verteidigungskrieg zu führen. In Deutschland war man der festen Überzeugung, ein militärischer Sieg würde binnen Monaten erreicht. Österreich-Ungarn sowie Bulgarien kämpften an der Seite Deutschlands. Je länger dieser Krieg dauerte, in dem selbst von der Rüstungsindustrie in ihrer Wirkung nicht vorhersehbare Waffen (z. B. Giftgas) eingesetzt wurden, umso mehr schwächte sich der Widerstand der mit Deutschland verbündeten Länder. Erst auf Druck der

Gegner wurde Mitte September 1918 ein Waffenstillstandsabkommen geschlossen.

ZWANGSARBEIT: Der Begriff beschreibt die Tätigkeit von Menschen, die sie gegen ihren Willen und unter Androhung von Strafe verrichten müssen. Während der NS-Zeit verpflichteten die Deutschen Menschen in den von ihnen besetzten Gebieten, in der Rüstungsindustrie, im Baugewerbe, in der Landwirtschaft, in Krankenhäusern, aber auch in Privathaushalten zu arbeiten. Schätzungen besagen, dass mehr als zwanzig Millionen Menschen so zu Arbeiten gezwungen wurden.

ORTE

KZ AUSCHWITZ: Der erste Teil dieses Lagers entstand 1940 am Rande der polnischen Stadt Oświęcim, dieser Bereich wurde als Stammlager oder Auschwitz I bezeichnet. Er entstand auf dem Gelände einer ehemaligen polnischen Kaserne, die noch gut erhalten war, und von Häftlingen, die ab Juni 1940 dort eingeliefert wurden, ständig erweitert wurde. Neben dem Häftlingskomplex wurde Auschwitz I zum Verwaltungszentrum des gesamten Lagers Auschwitz. Über dem Eingangstor hing der Schriftzug »Arbeit macht frei«. Auch die ersten Versuche, Häftlinge mit Gas zu töten, wurden hier durchgeführt. Ärzte verschiedener Disziplinen hatten in Auschwitz I ihre Laboratorien, um an Häftlingen medizinische Experimente vorzunehmen, bei denen die Versuchspersonen meist starben. Die Toten wurden im Krematorium verbrannt.

1941 wurde dann das Vernichtungslager Auschwitz-Birkenau in Betrieb genommen. In den Gaskammern und Krematorien dort wurden all jene Menschen ermordet und verbrannt, die nicht für die Arbeit geeignet waren, das heißt alte Menschen, Mütter mit Kindern und Kinder ohne Begleitung. Alle anderen, die man in Zügen an diesen Ort brachte, wurden zur Arbeit verpflichtet. Die

Überlebensdauer der Arbeitshäftlinge betrug etwa drei Monate.

Ein weiteres Lager, genannt Auschwitz-Monowitz, wurde auf Initiative und Kosten der Firma IG Farben eingerichtet. Auch hierbei handelte es sich um ein Arbeitslager und auch hier hatten die Menschen nur eine kurze Überlebenszeit, weil die Arbeit schwer und die Verpflegung nie ausreichend war.

Auschwitz hatte insgesamt etwa vierzig Nebenlager, zu denen die Häftlinge, sofern sie nicht vor Ort in Baracken untergebracht waren, zu Fuß gehen mussten. Nach zwölfstündiger Arbeit mussten sie abends von dort auch zu Fuß wieder ins Hauptlager zurück.

In Auschwitz wurden circa 1,2 Millionen Menschen ermordet, die meisten davon Juden aus verschiedenen von den Nazis eroberten und besetzten europäischen Ländern.

KZ-AUSSENLAGER BUDY: In diesem Ort befand sich ein Außenlager des Konzentrationslagers Auschwitz. Es existierte von 1942 bis Januar 1945. Mehrere Hundert Häftlinge mussten hier arbeiten, zum Teil auf einem Gutshof, andere mussten Entwässerungsgräben ausheben. Im Sommer 1942 arbeiteten dort auch etwa 400 Frauen aus einer Strafkompanie.

FORT BREENDONK: Anfang des 20. Jahrhunderts wurde in der Nähe von Willebroek in Belgien eine Festung mit diesem Namen errichtet. Im Ersten Weltkrieg stand sie unter Beschuss durch die Deutschen. Nachdem Deutschland im Mai 1940 während des Zweiten Weltkriegs Belgien besetzte, wurde die Festung zum SS-Sammellager Mechelen und als Durchgangslager für die Deportation der belgischen Juden in die verschiedenen Konzentrationslager benutzt.

KZ NEUENGAMME: Dieses Lager in Hamburg-Neuengamme existierte zwischen 1938 und 1945. Im ersten Jahr war es eine Außenstelle des KZs Sachsenhausen, danach wurde es als eigenständiges Lager geführt. Es war das größte Konzentrationslager in Nordwestdeutschland und hatte insgesamt 86 Nebenlager; mehr als 100 000 Menschen waren dort inhaftiert. Sie mussten für die Rüstungsindustrie arbeiten und bauten auf dem Gelände militärische Anlagen. Bei der Räumung des Lagers starben mindestens 42 900 Häftlinge.

KZ SACHSENHAUSEN: 1936 im Ortsteil Sachsenhausen der Stadt Oranienburg bei Berlin eingerichtetes Konzentrationslager; diente als Ausbildungsort für KZ-Kommandanten und Bewachungspersonal; 1941 Einrichtung einer Massenerschießungsanlage, in der mehr als 15 000 sowjetische Kriegsgefangene ermordet wurden. Die SS-Männer bekamen nach den Erschießungen jeweils einen mehrwöchigen Italien-Urlaub. Etwa 200 000 Häftlinge aus über vierzig Nationen arbeiteten während der Existenz des Lagers in rund 100 Außenlagern, darunter vielen Rüstungsbetrieben; Krankheit oder Arbeitsunfähigkeit waren das Todesurteil für die Gefangenen. 1942 wurden ein neues Krematorium und eine Genickschussanlage gebaut, in der bis zu 60 Gefangene gleichzeitig hingerichtet werden konnten. Ende April 1945 schickte die SS die verbliebenen Häftlinge in Gruppen von jeweils 5000 Menschen auf den Todesmarsch, weil die Rote Armee aus der Sowjetunion im Anmarsch war.

KZ THERESIENSTADT: Dieses Lager wurde 1940 von den deutschen Besatzern in Terezin (deutsch: Theresienstadt) im heutigen Tschechien (damals Protektorat Böhmen und Mähren) eingerichtet. Zunächst war es ein Gestapo-Gefängnis, ab 1941 wurde es zu einem Sammel- und Durchgangslager für die jüdische Bevölkerung des besetzten Tschechien genutzt und später, nach der Wannseekonferenz, galt es als Lager für alte oder prominente Juden aus Deutschland und anderen europäischen Ländern. Für eine kurze Zeit diente es auch als eine jüdische Mustersiedlung, durch die ausländische Besucher geführt wurden. Während der gesamten Zeit waren in dem Lager mehr als 140 000 Männer, Frauen und Kinder interniert, von denen die meisten in verschiedene Vernichtungslager deportiert wurden.

In Theresienstadt waren auch etwa 10 000 Kinder im Alter bis zu 15 Jahren interniert, die dort, getrennt von ihren Eltern und nach Alter und Geschlecht, in Kinderheimen wohnten. Sie bekamen, zulasten der älteren Häftlinge, eine etwas bessere Verpflegung. Von den Kindern wurde auch die von Hans Krása komponierte Kinderoper *Brundibár* immer wieder neu einstudiert und aufgeführt. Die Besetzung des Stücks musste ständig geändert werden, weil die teilnehmenden Kinder zusammen mit ihren Eltern in Vernichtungslager deportiert wurden.

LAGER DOSSIN: Dossin ist der Name der Kaserne in Mechelen, die nach der Besetzung Belgiens von den Deutschen auch als Durchgangslager in die NS-Vernichtungslager diente. Vor allem wurden von hier aus Juden und »Zigeuner«, wie sie von den Deutschen bezeichnet wurden, in östliche Lager deportiert.

NAMEN

BOGER, WILHELM: *1906 in Zuffenhausen; kaufmännische Berufsausbildung, schon mit 16 Jahren in der NS-Jugend, einem Vorläufer der Hitlerjugend, 1929 Mitglied der NSDAP, ab 1933 Polizeiausbildung, Straftaten während der folgenden Jahre, nach Bewährung ab 1942 als SS-Oberscharführer in Auschwitz. Boger gilt als einer der schlimmsten Sadisten des Lagers, die Boger-Schaukel als Folterinstrument. Im Frankfurter Auschwitz-Prozess wird ihm Beteiligung an Selektionen, Bunkerentleerungen (Tötung der Insassen), Erschießungen sowie Tötung von Häftlingen bei Vernehmungen vorgeworfen. Deshalb wird er zu lebenslanger Haft und zusätzlich 15 Jahren Zuchthaus verurteilt, ferner werden ihm die bürgerlichen Ehrenrechte aberkannt. 1977 stirbt Boger in der Haft. Weder während der Verhandlung noch später im Gefängnis bekennt er sich schuldig. Seine Ehefrau sagte zu den Anschuldigungen: »Die Zeiten waren nun mal so.«

DRECHSEL, MARGOT: (es gibt verschiedene Schreibweisen, Drexel, Drechsler) *1908 in Mengersdorf/Sachsen. Sie war zunächst Bürokraft in Berlin und wurde später zur Aufseherin im KZ Ravensbrück ausgebildet. Im April 1942 wurde sie Aufseherin im Frauenlager Auschwitz-Birkenau. Überlebende beschreiben sie als äußerst brutal; sie misshandelte Häftlinge, selektierte aus eigenem Antrieb im Frauenlager und brachte die Aussortierten ins Gas. Oft ließ sie die Frauen nackt zum Appell antreten, besonders in den Wintermonaten. 1945 wurde sie von ehemaligen Häftlingen in der Nähe von Bautzen erkannt. Dort wurde sie auch vor Gericht gestellt, zum Tode verurteilt und hingerichtet.

FRANK, HANS: *1900 in Karlsruhe, Rechtsanwalt; ab 1930 Mitglied im Reichstag und bis Juli 1942 Leiter des Reichsrechtsamtes der NSDAP. 1933–1934 bayerischer Justizminister; ab Oktober 1939 Generalgouverneur im besetzten Polen; betrieb dort planmäßig die Zerstörung des polnischen Kultur- und Geisteslebens. Wegen seiner Verbrechen gegen die Zivilbevölkerung, insbesondere in den Ghettos von Warschau, Lemberg und Litzmannstadt, war er einer der Hauptangeklagten bei den Nürnberger Prozessen und wurde zum Tode verurteilt.

FRITZSCH, KARL: *1903 in Nassengrub/Tschechien, Matrose, SS-Hauptsturmführer; 1930 Mitglied in der SS, ab 1933 im KZ Dachau, ab 1940 Schutzhaftlagerführer in Auschwitz. Führte die Vergasung mit Zyklon B ein, war für seine Brutalität berüchtigt und hielt für die neu angekommenen Häftlinge, die zur Arbeit selektiert wurden, »Begrüßungsreden«, in denen er ihnen erklärte, der einzige Ausweg aus dem Lager sei der durch den Kamin. Von 1942 bis 1944 war er Schutzhaftlagerführer in Flossenbürg und starb im Mai 1945 bei einem Einsatz an der Front.

GLÜCKS, RICHARD: *1889 in Düsseldorf. Nach mehreren Auslandsaufenthalten in England und Argentinien kehrte er 1915 nach Deutschland zurück, um als Beobachtungsoffizier an der Westfront zu kämpfen; für seinen militärischen Einsatz wurde er mehrfach ausgezeichnet. 1930 trat er in die NSDAP ein, 1932 in die SS, ab 1939 war er Inspekteur der Konzentrationslager und von Beginn an mit dem Auf- und Ausbau des Konzentrationslagers Auschwitz beauftragt. Glücks war aufgrund seiner Stellung der Vorgesetzte aller KZ-Kommandanten und damit für alle Verbrechen, die in den Konzentrationslagern geschahen, verantwortlich. Er befürwortete u. a. Menschenversuche zur Verträglichkeit von Meerwasser und schlug Juden als Versuchspersonen vor. Die Nationalsozialisten lobten ihn als hervorragenden Schreibtischtäter mit den Worten: »Wenn sich hier in den ganzen Kriegsjahren keinerlei Schwierigkeiten ergeben haben und die Kriegsindustrie in kürzester Zeit mit den angeforderten Arbeitskräften versorgt werden konnte, dann ist das das Verdienst des SS-Gruppenführers Glücks. Er hat durch diese Leistung einen wesentlichen Beitrag zur Kriegsrüstung und damit zur Kriegsführung geleistet.« Um sich einer Bestrafung zu entziehen, beging Richard Glücks am 10. Mai 1945, zwei Tage nach Kriegsende, Selbstmord.

GRÜNWELLER, JULIUS: *1904 in Mülheim/Ruhr; ab 1932 Kreisamtsleiter für Kommunalpolitik in Wassenberg/NRW; Mitglied der NSDAP seit 1. Februar 1932; von 1933 bis 1939 Bürgermeister in Wassenberg, von 1939 bis

1942 Amtskommissar (Bürgermeister) in Auschwitz; wurde 1942 als Volksschädling wegen Untreue in Tateinheit mit Amtsunterschlagung sowie Erpressung im Amt in zwei Fällen von einem deutschen Volksgericht in der besetzten polnischen Stadt Katowice zum Tode verurteilt und dort am 17. Juni 1943 hingerichtet.

GRAPATIN, FELIX: *1909 in Gemberg in Polen; besuchte sieben Jahre die Volksschule; erlernter Beruf: Landwirt. Seit 1939 Mitglied der SS; von 1940 bis 1944 Mitglied der Lagergemeinschaft Auschwitz, zeitweise Blockführer im Block 27; im Februar 1942 wurde er zum Rottenführer ernannt; nach Aussagen von ehemaligen Gefangenen galt er als sehr brutal. Sein letzter Wohnsitz war Dinslaken. Es ist nicht bekannt, ob er für seine Taten in Auschwitz jemals zur Rechenschaft gezogen wurde.

HIMMLER, HEINRICH: *1900; Mitglied der NSDAP; hatte eine große Machtfülle: Er war Reichsführer SS, Chef der deutschen Polizei, Reichskommissar für die Festigung deutschen Volkstums, später Reichsinnenminister und Befehlshaber des Ersatzheers. Himmler hatte die Kontrolle über die nationalsozialistischen Konzentrationslager, über den Inlandsgeheimdienst sowie über den Aufbau der Waffen-SS. Hitlers Ziel war die Ausrottung der europäischen Juden, Himmler war der Mann, der diese Pläne umsetzte. Die Waffen-SS stand ihm für diese Aufgaben zur Verfügung. Aber auch auf zahlreiche Gauleiter und andere hochrangige Nationalsozialisten konnte er bauen. Nach dem Einmarsch der Wehrmacht in der Sowjetunion erhielt er die Aufgabe, kommunistische Funktionäre und die »jüdisch-bolschewistische Intelligenz« auszuschalten. Innerhalb kurzer Zeit ließ er die gesamte dortige jüdische Bevölkerung einschließlich Frauen und Kinder ermorden. Er kümmerte sich persönlich um diese Aufgaben und ließ sich täglich Bericht über deren Fortgang erstatten. Oft war er auch persönlich bei Massenerschießungen dabei. Nach der bedingungslosen Kapitulation floh er am 11. Mai 1945, am 20. Mai wurde er von der britischen Militärpolizei verhaftet und nahm sich am 23. Mai in einem Verhörzimmer mithilfe einer Zyankalikapsel, die er ständig in einer Zahnlücke trug, das Leben.

HITLER, ADOLF: *20. April 1889 in Braunau am Inn/Österreich; erwies sich während seiner ersten Jahre in der Volksschule als lernwilliger Schüler, verweigerte aber später in der Realschule oft den Unterricht und konnte aufgrund schlechter Noten zweimal nicht versetzt werden. Von seinem Vater, der ihn für eine Beamtenlaufbahn vorgesehen hatte, bezog er für seine schlechten Leistungen häufig heftige Prügel. Nach dessen Tod besuchte er ab 1904 die Realschule in Steyr, die er jedoch ohne Abschluss verließ, und kehrte zu seiner Mutter nach Linz zurück. Dort lernte er den radikalen Antisemiten Georg von Schönerer kennen und vertiefte sich in dessen rassistisches Gedankengut. Schließlich zog er nach Wien und bewarb sich – erfolglos – an der »Allgemeinen Malerschule der Wiener Kunstakademie«. Fortan sah er sich als verkannten Künstler und begann Bücher und Zeitungen zu lesen, in denen die »Entjudung« gefordert wurde. 1913 zog er nach München, um der österreichischen Wehrpflicht zu entgehen. Dort beschäftigte er sich weiterhin mit rassistischen und antisemitischen Schriften, fing wieder an zu malen – meist Gebäude nach fotografischen Vorlagen – und verkaufte die Bilder. Die Münchner Polizei griff den Fahnenflüchtigen aber auf, überstellte ihn dem österreichischen Konsulat; von wo er nach Österreich abgeschoben, dort gemustert und für tauglich befunden, vom Militärdienst aber zurückgestellt wurde. Im Ersten Weltkrieg wurde er dann doch Soldat und erhielt mehrere militärische Auszeichnungen. Bei einem Gasangriff wurde er vergiftet und erblindete für einige Zeit. Die Waffenstillstandsverhandlungen nach vier Jahren Krieg (Erster Weltkrieg) bezeichnete er als die »größte Schandtat des Jahrhunderts«. Daraufhin beschloss er, Politiker zu werden. Er kehrte nach München zurück und arbeitete für die Reichswehr als Verbindungsmann. Ein Jahr später wurde er für einen Rednerkurs an der Universität München vorgeschlagen und zeichnete sich dort als äußerst talentiert aus. Aus seinen schriftlichen Notizen geht hervor, dass er zu dieser Zeit schon die Entfernung der Juden forderte. Noch im selben Jahr trat er der Deutschen Arbeiterpartei bei. Bereits ein Jahr später schrieb er am Programm für die Nationalsozialistische Deutsche Arbeiterpartei mit und übernahm 1921 deren Führung. Sein Putschversuch vom 9. November 1923 in

München misslang, Hitler wurde verhaftet und zu fünf Jahren Festungshaft verurteilt. Während dieser Haftzeit verfasste er den ersten Band seines Buches »Mein Kampf«. Österreich entzog ihm die Staatsbürgerschaft, weshalb er vorübergehend staatenlos war. Ein in München erlassenes Redeverbot wurde aber nach einiger Zeit wieder aufgehoben, fortan hielt er erneut politische Reden, sowohl in München als auch in Berlin und in Düsseldorf vor dem Industrie-Club. 1932 wurde er deutscher Staatsbürger. Schließlich trat er zur Wahl des Reichspräsidenten gegen den amtierenden Hindenburg an und verlor. Bei den Reichstagswahlen im Juli 1932 gelang es seiner Partei jedoch, stärkste Fraktion im Parlament zu werden, Hindenburg ernannte ihn zu diesem Zeitpunkt aber trotzdem nicht zum Reichskanzler. Dieser Schritt wurde erst am 30. Januar 1933 vollzogen.

Bereits im März wird das Ermächtigungsgesetz erlassen, das ihm uneingeschränkte Vollmachten gibt. Politische Gegner lässt er entfernen und in Konzentrationslager einsperren. Nach Hindenburgs Tod im August 1934 übernimmt er auch dessen präsidiale Ämter und ist nun »Führer und Reichskanzler«. Wieder ein Jahr später, im September 1935, werden auf dem Reichsparteitag in Nürnberg die »Nürnberger Rassengesetze« erlassen, wonach die jüdische Bevölkerung Schritt für Schritt erniedrigt und aus dem öffentlichen Leben ausgeschlossen wird. Juden wird untersagt, Nichtjuden zu heiraten. Systematisch baut Hitler seine Macht aus, wird Oberbefehlshaber der Wehrmacht, entlässt Minister, um sie durch linientreue neue Männer zu ersetzen. In der von ihm und Josef Goebbels initiierten Reichspogromnacht lässt er Tausende jüdische Bürger verhaften und einsperren. Synagogen werden niedergebrannt und jüdische Geschäfte geplündert. Im Januar 1939 teilt er in einer Reichstagsrede mit, dass im Fall eines neuen Weltkrieges die jüdische Rasse Europas vernichtet werde. Im März wird die Tschechoslowakei besetzt, im Mai erklärt er den Generälen der Wehrmacht seine Angriffspläne für »neuen Lebensraum« im Osten, im August schließt er einen Nichtangriffspakt mit Stalin aus der Sowjetunion und am 1. September befiehlt er den deutschen Angriff auf Polen. Bereits am 9. Oktober gibt er die Weisung zum Angriff auf den Westen. Ein Attentat auf Hitler am 8. November durch den Schreinergesellen Johann Georg Elser misslingt. Im Juli 1940 teilt er dem Oberkommando der Wehrmacht seinen Entschluss mit, trotz des Nichtangriffspakts die Sowjetunion zu überfallen. Diesen Plan setzt er am 18. Dezember um. Er spricht von einem militärischen Vernichtungskrieg im Osten. Auf der Wannseekonferenz in Berlin wird die »Endlösung der Judenfrage« beschlossen. Im Januar 1943 kapituliert die 6. Armee bei Stalingrad, obwohl Hitler bis zuletzt die Weisung gibt, durchzuhalten. Am 20. Juli 1944 missglückt ein Attentat auf Hitler, die Täter werden hingerichtet. Im September ordnet er an, bisher nicht wehrfähige Kinder und alte Männer im Volkssturm zusammenzufassen. Sie werden an den Reichsgrenzen eingesetzt. Am 30. Januar 1945 hält er seine letzte Rundfunkansprache. Er ruft die Bevölkerung zum Widerstand bis zum Endsieg auf. Im März gibt er den Befehl aus, dass die Soldaten bei ihrem Rückzug die deutschen Gebiete vollständig verwüsten sollen. Das Volk habe sich einfach als zu schwach erwiesen. Am 29. April heiratet er seine langjährige Lebensgefährtin Eva Braun. Einen Tag später, am 30. April 1945, begeht er mit ihr zusammen im Bunker der Reichskanzlei Selbstmord.

HÖSS, RUDOLF: *1900 in Baden-Baden; Kriegsfreiwilliger im Ersten Weltkrieg, mit 17 Jahren Unteroffizier; ab 1922 Mitglied in der NSDAP; 1924 wegen Fememord (im nationalsozialistischen Gedankengut war das ein Akt der Selbstjustiz – Tötung von Verrätern) zu zehn Jahren Haft verurteilt, 1928 amnestiert, seit 1933 ist er SS-Mitglied, ab 1934 Mitglied der Totenkopf-SS (Teil der Schutzstaffel mit der Hauptaufgabe der Bewachung und Verwaltung der Konzentrationslager; Höss war in der NS-Zeit eine zentrale Institution zur Unterdrückung Andersdenkender). 1941 bekommt er von Himmler den Befehl zum Aufbau des Konzentrationslagers Auschwitz-Birkenau. Ihm wird die Umsetzung der »Endlösung der Judenfrage« anvertraut. Ab dem Jahreswechsel 1941/1942 leitet er die beginnende Ermordung der Juden in den Gaskammern. Von Ende 1943 bis Anfang 1944 wird er vorübergehend an das SS-Wirtschafts- und Verwaltungshauptamt nach Berlin berufen, kehrt aber im Mai 1944 nach Auschwitz zurück, weil er dort die Ermordung von vierhunderttausend ungarischen Juden organisieren soll. Er wohnt mit seiner Frau und seinen Kindern in Sichtweite des Stammlagers

Auschwitz. Nach Kriegsende taucht er unter, wird jedoch von der britischen Militärpolizei im März 1946 auf einem Bauernhof in der Nähe von Flensburg festgenommen und im Mai nach Polen ausgeliefert, wo er am 2. April 1947 in Warschau zum Tode verurteilt und zwei Wochen später im Stammlager Auschwitz hingerichtet wird. Bis zum Schluss versteht er nach eigenen Aussagen nicht, weshalb er zur Rechenschaft gezogen wird. Er habe doch nur Befehle ausgeführt.

KIELAR, WIESLAW: *1919 in Przeworsk/Polen. Im Mai 1940 wurde er von der Gestapo verhaftet und kam mit dem ersten Transport politischer Häftlinge in das Konzentrationslager Auschwitz. Dort musste er als Krankenpfleger, Leichenträger, Tischler, Schreiber und Installateur arbeiten. Er überlebte auch die anderen Konzentrationslager, in die er ab Herbst 1944 verlegt wurde. Bei seiner Befreiung wog er noch 39 Kilo. Nach langer, intensiver ärztlicher Behandlung kehrte er in seine Heimat Polen zurück. 1972 veröffentlichte er seine Memoiren unter dem Titel »Anus Mundi«. In dem Buch beschreibt er sehr eindrücklich seine Erfahrungen in Auschwitz. Im Juni 1990 starb er.

KRAMER, JOSEF: *1906 in München; Beruf: Buchhalter. 1931 trat er in die NSDAP ein, 1932 in die SS. Ab 1934 war er im KZ Dachau stationiert, von 1937 bis 1938 Adjutant in Sachsenhausen, 1939 in Mauthausen und ab Mai 1940 in Auschwitz. Im Oktober 1942 wurde er Kommandant im KZ Natzweiler, im Mai 1944 Kommandant in Auschwitz-Birkenau, ab Dezember 1944 im KZ Bergen-Belsen. Dort wurde er von den Häftlingen als die »Bestie von Bergen-Belsen« bezeichnet, weil er wahllos Menschen ermordete. In Natzweiler tötete er Häftlinge mit Blausäure, ihre Skelette waren für eine Sammlung in Straßburg gedacht. Vor Gericht sagte er aus: »Ich habe keinerlei Rührung empfunden, während ich die Tat vollbrachte, denn ich hatte den Befehl erhalten.« Kramer wurde von einem Militärgericht zum Tode verurteilt und im Dezember 1945 in Hameln hingerichtet.

LUBUSCH, EDUARD: *1922 in Bielsko/Polen. Sein Vater war Deutscher wie auch viele andere Menschen in der Region, die Mutter war Polin und genoss als Hebamme großes Ansehen in der Stadt. Eduard sprach fließend Deutsch und Polnisch. Viele Einwohner in Bielsko gehörten der jüdischen Religion an. Eduard verbrachte die Jugendzeit bis zum Beginn des Zweiten Weltkriegs in seiner Heimatstadt, die multikulturell geprägt war. Trotzdem wurde er Mitglied der SS. Nachdem sein älterer Bruder im Krieg gefallen war, wollte seine Mutter wenigstens Eduard in Sicherheit wissen. Auf ihr Betreiben hin trat er seinen Dienst im KZ Auschwitz an, wo er zunächst als Telefonist arbeitete; später in verschiedenen Abteilungen im Lager. 1942 übernahm er die Leitung der Werkstatt und machte sich dort unentbehrlich. Eine Beförderung, die ihm angeboten wurde. lehnte er aber ab – er wolle das bleiben, was er sei. Zu den Häftlingen entwickelte er ein sehr gutes Verhältnis. Für kranke und schwache Häftlinge organisierte er zusätzliche Lebensmittel oder Medikamente, ließ sich das allerdings vergüten. In der Werkstatt lernte er auch Edek Galinski kennen, der nur unwesentlich jünger war. Lubusch wurde in die Fluchtpläne eingeweiht, und er war es, der die SS-Uniform besorgte. Als Edek und Mala nach ihrer Flucht wieder gefasst wurden, fühlte sich Lubusch in Lebensgefahr. Er desertierte und wurde dabei von der polnischen Heimatarmee unterstützt. Während er für die Heimatarmee kämpfte, fand er bei einem toten Soldaten dessen Papiere, nahm sie an sich und wechselte seine Identität. Von nun an hieß er Bronisław Żołnierowicz. Diesen Namen behielt er bei, heiratete nach dem Krieg, das Ehepaar bekam zwei Kinder. Nie wurde über die Zeit in Auschwitz gesprochen. Erst als der Sohn heiraten wollte und dafür eine Urkunde benötigte, kam die wahre Identität ans Tageslicht. Lubusch starb im März 1984 in Breslau. Sein Grabstein trägt den Namen Bronisław Żołnierowicz.

MANDL, MARIA: *1912 in Münzkirchen/Oberösterreich; war 1938 Aufseherin im Konzentrationslager Lichtenburg in Sachsen; später, nach ihrer Beförderung, Oberaufseherin in den Konzentrationslagern Auschwitz-Birkenau und Ravensbrück. In Birkenau war sie einige Monate zuständig für das Frauenlager; hier wurde sie von den Gefangenen bald als »Die Bestie« bezeichnet. Sie wählte Gefangene für die Gaskammer aus und beteiligte sich an Misshandlungen; als Oberaufseherin schuf sie auch das »Mädchenorchester von Auschwitz«, das mit seiner Musik Appelle, Hinrichtungen und Gefangenentransporte begleiten musste. Für ihre »Leistungen« wurde sie mit dem Kriegsverdienstkreuz zweiter Klasse ausgezeichnet; nach dem Krieg floh sie in die Alpen, doch der Vater verweigerte ihr den Zutritt ins Elternhaus, darauf kroch sie bei ihrer Schwester unter. Im August 1945 Festnahme durch die Amerikaner, Auslieferung an Polen; 1947 Prozess in Krakau mit Todesurteil. In der Urteilsbegründung wurde noch einmal ihre besondere Grausamkeit hervorgehoben, weil sie Gefangene, die bereits auf dem Weg in die Gaskammer waren, nochmals misshandelte.

MEISINGER, JOSEF: *1899 in München; meldete sich nach Volksschule und Gymnasium 1916 als Kriegsfreiwilliger. Er wurde SS-Standartenführer und 1940 Kriminaldirektor. Ab 1936 war er »Leiter der Reichszentrale zur Bekämpfung der Homosexualität und Abtreibung« im Reichssicherheitshauptamt. Als Führer der Einsatzgruppe IV in Polen ließ er Tausende Menschen hinrichten. 1943 wurde er Polizeiattaché in Tokio. Nach dem Krieg kam er in Warschau vor Gericht und wurde zum Tode verurteilt. Seine Hinrichtung fand 1947 statt.

PALITSCH, GERHARD: *1913 in Großopitz; SS-Hauptscharführer, ab 1936 Block- und Rapportführer im KZ Sachsenhausen, 1938–1940 zweiter Kommandant im KZ Neuengamme, ab Mai 1940 Rapportführer in Auschwitz; verantwortlich für die ersten Versuche mit Zyklon-B-Vergasungen an russischen Gefangenen und wegen seiner Brutalität unter den Häftlingen gefürchtet. Selbst sein Vorgesetzter, Lagerleiter Höss, hielt ihn für eine »verschlagene Kreatur«. Palitsch wurde wegen Korruption und sexueller Beziehungen zu Häftlingsfrauen entlassen und an die Front geschickt, wo er im Dezember 1944 ums Leben kam.

PERSCHEL, RICHARD: *1922 in Hindenburg/Oberschlesien; war zunächst in der polnischen Armee; später gehörte er der Lagermannschaft im KZ Neuengamme an, ab 1942 war er als SS-Unterscharführer in Auschwitz-Birkenau, dort Blockführer im Quarantänelager für Männer sowie Arbeitsdienstführer im Frauenlager. Nach Einschätzung von Wieslaw Kielar war er einer der jüngsten, dümmsten und gefährlichsten Blockführer. Am 20. Januar 1945, nachdem die meisten anderen Häftlinge auf ihrem Todesmarsch das Lager bereits verlassen hatten, befahl er sämtlichen jüdischen Gefangenen, aus den Baracken zu treten. Etwa zweihundert Frauen traten heraus, die er alle erschießen ließ. Nach dem Kriegsende entging er seiner Strafverfolgung in Czernowitz/Rumänien. Wahrscheinlich konnte er unter einer falschen Identität untertauchen. Nach der Kapitulation Deutschlands 1945 verlor sich jegliche Spur.

PESTEK, VIKTOR: *1924 in Czernowitz/Rumänien; war SS-Rottenführer. Pestek ermöglichte einem Häftling die

Flucht aus Auschwitz-Birkenau. Laut Aussagen von Häftlingen war sein Motiv, nicht mehr mit ansehen zu können, was Frauen und Kindern angetan wurde. Nach einer erfolgreichen Flucht kehrte er schließlich doch wieder nach Auschwitz zurück, um ein tschechisches Mädchen aus dem Lager zu befreien, das er liebte. Dabei wurde er allerdings verhaftet, in Block 11 interniert und nach brutalen Vernehmungen am 8. Oktober 1944 an der Todeswand erschossen.

RUITERS, JOHANN (RUFNAME: HANS): *1908; SS-Unterscharführer; gehörte zur SS-Lagermannschaft. Zusätzlich zu den weiblichen Aufseherinnen wurde er ab 1943 in der Frauen-Strafkompanie eingesetzt und schlug brutal auf die Gefangenen ein, selbst dann noch, wenn sie schon völlig entkräftet waren. Über sein Nachkriegsschicksal ist nichts bekannt.

SCHUMANN, DR. HORST: *1906 in Halle als Sohn eines Arztes. 1930 wird er Mitglied in der NSDAP und 1932 in der SA. In Halle ist er 1934 Amtsarzt und Kreisobmann im Ärztebund, später Richter am Erbgesundheitsgericht. Nach einer militärischen Grundausbildung wird er kurz vor Kriegsbeginn als Unterarzt der Luftwaffe eingezogen. Ab Dezember 1939 Direktor der Vergasungsanstalt Grafeneck, ab Juni 1940 der Vergasungsanstalt Sonnenstein in Pirna. Dort war er verantwortlich für die Ermordung von 15000 Kranken sowie einer unbekannten Zahl von KZ-Häftlingen. Von November 1942 an ist er in

Auschwitz. Im Auftrag von Himmler soll er eine Technik zur Massensterilisation durch Röntgenstrahlen entwickeln. Im Block 30 in Auschwitz-Birkenau beginnt er mit seiner Arbeit. Häftlinge, die ihn kannten und überlebt haben, attestierten ihm äußerste Brutalität. Nach dem Krieg gelang ihm zunächst die Flucht. Anfangs arbeitete er als Schiffsarzt, ab 1955 lebte er in Ägypten und im Sudan, ab 1959 in Ghana. 1966 wurde er nach Deutschland ausgeliefert, 1970 machte man ihm den Prozess wegen Euthanasieverbrechen vor dem Landgericht Frankfurt, im April 1971 wurde er für verhandlungsunfähig erklärt. Am 5. Mai 1983 starb er in Frankfurt/Main.

SPRITZER; JENNY: *1918 in Pozsony (heute Slowakei); von Beruf Grafikdesignerin; wurde von der SS entführt und ins Konzentrationslager Auschwitz-Birkenau gebracht. Im Lager wurden ihre Fähigkeiten geschätzt und genutzt. Sie war Sekretärin und sollte besonders bei Verhören Protokoll führen. Ferner spielte sie Mandoline im Frauenorchester in Auschwitz-Birkenau. Nach dem Krieg heiratete sie Erwin Tichauer, den damaligen Sicherheitschef des Lagers. Im Juli 2018 starb sie im Alter von 99 Jahren.

STALLER, ALOIS: *1905 in Wuppertal; von Beruf Arbeiter, war Mitglied der Kommunistischen Partei Deutschlands (KPD); ab 1934 in verschiedenen Lagern oder Zuchthäusern inhaftiert, wo er oft körperlich schwer misshandelt wurde. 1938 kam er nach Sachsenhausen, 1940 nach Auschwitz, 1944 nach Flossenbürg. Er war Kapo und Blockältester. Von Mithäftlingen ist bekannt, dass er sehr brutal war. Nach einschlägigen Aussagen soll er auch Häftlinge getötet haben. Über sein Leben nach dem Zweiten Weltkrieg liegen keine Informationen vor.

STEPIEN, ZOFIA: *1920 in Radom/Polen; verbrachte auch ihre Kindheit und Schulzeit dort. Als Polen besetzt wurde, schloss sie sich der Widerstandsbewegung an, wo sie unter anderem als Kurierin fungierte und Untergrundzeitschriften verteilte. Im Oktober 1942 wurde sie in Radom in ihrer Wohnung verhaftet und vier Monate lang von der Gestapo verhört und gefoltert. Sie verriet niemanden aus der Bewegung. Im März 1943 deportierte man sie nach Auschwitz-Birkenau. Schon früh entdeckte sie ihre Fähigkeiten zum Malen und Zeichnen. Seit Beginn ihres Aufenthaltes im KZ porträtierte sie viele Personen aus dem Frauenlager, unter anderem auch Mala Zimetbaum. Sie überlebte den Todesmarsch nach Ravensbrück und kehrte nach dem Krieg in ihre Heimatstadt zurück. In Polen wurde sie zu einer bekannten Malerin. Im Dezember 2019 starb sie.

TAUBE, ANTON: *1908 in Auschwitz-Birkenau; war SS-Unterscharführer und Rapportführer im Frauenlager Auschwitz-Birkenau sowie im Außenlager Hindenburg. Nach Aussage ehemaliger Häftlinge war Taube einer der grausamsten SS-Männer im Frauenlager. Er war an den Selektionen auf der Rampe, während der Appelle in den

Frauenwohnblöcken und im Krankenblock beteiligt. Taube erschoss weibliche Häftlinge, die zu spät zur Arbeit kamen, andere misshandelte er. Ferner überwachte er den Transport zu den Gaskammern. Über sein Nachkriegsschicksal ist nichts bekannt.

WUNSCH, FRANZ; *1922; SS-Unterscharführer, ab 19. September 1942 in Auschwitz zuständig für die Effektenkammer, Kommando Kanada. Der als brutaler Judenhasser geltende SS-Mann hatte ein Verhältnis mit einer slowakischen Jüdin; 1971 wurde er in Wien verhaftet und angeklagt, am Massenmord in Auschwitz beteiligt gewesen zu sein. Ferner wurden ihm Gewaltverbrechen gegen jüdische Häftlinge vorgeworfen. Der Prozess endete 1972 mit einem Freispruch.

VERWENDETE LITERATUR

Klee, Ernst: »Auschwitz –Täter, Gehilfen, Opfer und was aus ihnen wurde«; Verlag S. Fischer, Frankfurt 2017

Klee, Ernst: »Das Personenlexikon zum Dritten Reich – Wer war was vor und nach 1945«; Verlag S. Fischer, Frankfurt 2005

Kielar, Wieslaw: »Anus Mundi – fünf Jahre Auschwitz«; Verlag S. Fischer, Frankfurt 2011

Morris, Heather: »Die Schwestern von Auschwitz«; Piper Verlag, München 2022

Sichelschmidt, Lorenz: »Mala – Ein Leben und eine Liebe in Auschwitz«; Donat Verlag, Bremen 1995

Museum Auschwitz: »Hefte von Auschwitz, Nr. 5«; Auschwitz 1962

Spritzer, Jenny: »Ich war Nr. 10291 – Als Sekretärin in Auschwitz«; Rothenhäuser Verlag, Stäfa 1994

Birenbaum, Halina: »Die Hoffnung stirbt zuletzt«; Reiner Padligur Verlag, Hagen 1989

Greif, Gideon; Siebers, Peter: »Todesfabrik Auschwitz«; Verlag Emons, Köln, 2016

Czech, Danuta: »Kalendarium der Ereignisse im Konzentrationslager Auschwitz-Birkenau 1939–1945«; Rowohlt Verlag, Reinbek, 2008

Bienen, Walter (Hg.): »Lebenserinnerungen«; Eigenverlag, Wasserburg 2021

BILDNACHWEISE

Das Foto vom Stehbunker stammt aus der privaten Fotosammlung von Heinfried Wiehe und wurde mir für den Abdruck im Buch kostenlos überlassen.

Alle anderen Fotos wurden mir freundlicherweise vom Museum Auschwitz zum Abdruck im Buch zur Verfügung gestellt.

DANKE

Halina Jastrzebska war die Erste, die mir im Rahmen einer Studienfahrt nach Auschwitz die Geschichte von Edek und Mala erzählte. Nicht nur von der Geschichte selbst, sondern auch von der Art, wie Halina sie erzählte, war ich tief beeindruckt. Danach bin ich bei all meinen weiteren Fahrten an diesen Ort immer wieder diesen beiden Menschen begegnet.

Halina Jastrzebska hat mich sowohl bei den Recherchen als auch bei der inhaltlichen Gestaltung des Buches kritisch begleitet, dafür bin ich ihr sehr dankbar. Sie ist eine hervorragende Kennerin der Geschichte von Edek und Mala.

Außerdem danken möchte ich Anna Weßling-Milczarek, die das Manuskript mit einem kritischen Blick gelesen und kommentiert hat. Dir, liebe Anna, dafür vielen Dank!

Ein weiterer ganz großer Dank gilt Dieter Schaub. Er hat mich bei vergangenen Büchern, aber auch bei diesem durch seine Recherchearbeiten hervorragend unterstützt. Nicht alles, was er weltweit in verschiedenen Archiven gefunden hat, konnte ich in diesem Buch berücksichtigen. Als Hintergrundinformationen waren sie dennoch von unschätzbarem Wert.

Foto: © Random House / Isabelle Grubert

Autor

Reiner Engelmann wurde 1952 in Völkenroth geboren. Nach dem Studium der Sozialpädagogik war er im Schuldienst tätig, wo er sich besonders in den Bereichen der Leseförderung, der Gewaltprävention und der Kinder- und Menschenrechtsbildung stark machte. Für Schulklassen und Erwachsene organisiert Reiner Engelmann regelmäßig Studienfahrten nach Auschwitz. Er ist Autor und Herausgeber zahlreicher Anthologien und Bücher zu gesellschaftlichen Brennpunktthemen. Für sein engagiertes Wirken in der Gedenk- und Erinnerungsarbeit wurde Reiner Engelmann mit dem Bundesverdienstkreuz am Bande des Verdienstordens der Bundesrepublik Deutschland ausgezeichnet.

Von Reiner Engelmann sind bei cbj erschienen:

Der Fotograf von Auschwitz – Das Leben des Wilhelm Brasse (31236)

Anschlag von rechts (31224)

Der Buchhalter von Auschwitz – Die Schuld des Oskar Gröning (31293)

»Alodia, du bist jetzt Alice!« – Kinderraub und Zwangsadoption im Nationalsozialismus (31268)

Wir haben das KZ überlebt – Zeitzeugen berichten (31410)

Hass und Versöhnung – Ein ehemaliger Neonazi und eine Holocaust-Überlebende begegnen sich (31372)

»Doch meine Seele hat Narben« – Wie Niusia Horowitz dank Oskar Schindler den Holocaust überlebte (31434)

Ich bin Jude – Euer Antisemitismus ist mein Alltag (31535)

Stell dir vor, es wäre Frieden (Hg.) (31570)